FREIDORA DE AIRE

SIN SECRETOS

2022

RECETAS SÚPER FÁCILES Y BAJAS EN CARBOHIDRATOS

VALERIA DIAZ

Tabla de contenido

Imitación de camarones con miel

Pescado fresco con camarones suaves y deliciosa miel derretida: ¡cena saludable y rápida!

Tiempo de preparación: 20 minutos.

Tiempo de cocción: 10 minutos.

Porciones: 3

Ingredientes:

- 1 ½ libras de camarones
- Huevo
- 1 taza de harina
- ¼ de cucharadita de levadura en polvo
- 1 taza de maicena
- 4 cucharadas de salsa de soja
- 1 taza de aceite
- Sal al gusto
- Pimienta al gusto
- 1 taza de vinagre de arroz
- Cebolletas verdes
- 1/3 taza de miel
- 1 cucharada de ajo

Direcciones:

1. Encienda la Air Fryer y precaliente a 350oF.

2. Lavar y limpiar los camarones.

3. Mezcle sal, pimienta, maicena y salsa de soja.

4. Coloque los camarones en la marinada y déjelos marinar.

5. Mezclar la harina, la levadura en polvo, el huevo y colocar en el frigorífico.

6. Ponga mantequilla sobre los camarones.

8. Hornee los camarones en la Air Fryer durante 10 minutos.

9. Mezclar el vino de arroz, la miel, la salsa de soja y hervir.

10. Calentar la mezcla en la sartén.

11. Vierta la mezcla caliente sobre los camarones.

12. ¡Atender!

Nutrición:

- Calorías: 180
- Grasas: 17g
- Hidratos de Carbono: 8g
- Proteína: 0g

Pescado limón

¡Carne de pescado tierna y suave con salsa de limón!

Tiempo de preparación: 20 minutos

Tiempo de cocción: 20 minutos.

Porciones: 4

Ingredientes:

- 2 filetes de pescado
- 3 hojas de lechuga
- Limón
- 1 cucharadita de ají
- 1 taza de jugo de limón
- 4 cucharaditas de pasta de harina
- ¼ de taza) de azúcar
- Clara de huevo
- Sal al gusto
- 2 cucharaditas de aceite
- 2 cucharaditas de salsa de chile

Direcciones:

1. Encienda Air Fryer y precaliente hasta 360oF.
2. Corta el limón en rodajas.
3. Mezclar agua, azúcar y azúcar se disuelve.
4. Mezclar la harina con la salsa de chile y la clara de huevo.
5. Coloque el pescado en la mezcla de azúcar y en la harina.
6. Hornee el pescado en la Air Fryer durante 20 minutos.
7. Mezcle jugo de limón, rodajas de limón, lechada de harina, almíbar y salsa picante. Calentar la mezcla en la sartén.
8. Coloque la lechuga en el plato para servir, cubra con pescado.
9. ¡Cubra el pescado con salsa de limón y sirva!

Nutrición:

* Calorías: 350
* Grasas: 58g
* Hidratos de Carbono: 58g
* Proteína: 14g

Salmón Limón Pimienta Con Aguacate

¡Lleno de vitaminas y salmón tierno con jugo de limón y hierbas frescas!

Tiempo de preparación: 5 minutos.

Tiempo de cocción: 10 minutos.

Porciones: 4

Ingredientes:

- 1 aguacate pelado y picado
- Zanahoria
- ¾ taza de agua
- pimiento rojo
- Parley al gusto
- Eneldo al gusto
- Albahaca al gusto
- Estragón al gusto
- 1 libra de filete de salmón
- Calabacín
- 3 cucharaditas de ghee
- ½ limón

- ¼ de cucharadita de sal
- ½ cucharadita de pimienta

Direcciones:

1. Encienda Air Fryer y precaliente hasta 370oF.
2. Mezclar todos los ingredientes y colocarlos en la sartén.
3. Calentar la marinada en la sartén.
4. Cubra el salmón con la marinada caliente.
5. Coloque el salmón en la Air Fryer y cúbralo con rodajas de aguacate.
6. Hornea pescado con aguacate durante 10 minutos.
7. ¡Sirve con cremas espesas!

Nutrición:

- Calorías: 239
- Grasas: 16,7g
- Hidratos de carbono: 0,9 g
- Proteínas: 20,2 g

Mini Tortas Paleo

¡Las tortas de pescado es algo realmente satisfactorio y saludable para la cena!

Tiempo de preparación: 15 minutos

Tiempo de cocción: 30 minutos.

Porciones: 10

Ingredientes:

- 2 ¼ tazas de salmón
- Rodajas de limón
- ¼ taza de puré de papa
- ½ cucharadita de pimienta
- 4 cebollas
- ¾ cucharadita de sal
- 1 cucharada de perejil
- 1 huevo
- 1 cucharada de mostaza de Dijon
- 3 cucharadas de alcaparras líquidas
- 1 cucharadita de ralladura de limón
- 1 cucharada de jugo de limón

- 1 yema de huevo
- 1 cucharadita de eneldo
- 1 diente de ajo grande omitir

Direcciones:

1. Encienda la Air Fryer y precaliente a 350oF.
2. Mezclar los filetes de salmón con puré de papa, cebolla, perejil picado y mostaza de Dijon, ralladura de limón con jugo de limón, líquido de alcaparras, huevo, sal, pimienta y gajos.
3. Formar tortas de la mezcla.
4. Hornee pasteles en la Air Fryer durante 10 minutos.
5. Mezcle todos los demás ingredientes en la licuadora.
6. Sirve los pasteles con la salsa.

Nutrición:

- Calorías: 324
- Grasas: 22g
- Hidratos de Carbono: 29g
- Proteína: 6g

Mejillones en la freidora

Tan especial y tan delicioso, ¡este recibo francés será tu favorito!

Tiempo de preparación: 10 minutos.

Tiempo de cocción: 15 minutos.

Porciones: 4

Ingredientes:

- 4 libras de mejillones
- Perejil picado
- 8 rebanadas de tocino
- Aceite de oliva
- 3 cucharadas de mantequilla
- 2 puerros
- Sal al gusto
- 1 ½ taza de vino blanco

Direcciones:

1. Encienda la Air Fryer y precaliente a 400oF.
2. Corta el tocino en rodajas.
3. Cubra el tocino con aceite de oliva y cocine en la Air Fryer durante 10 minutos.
4. Freír los puerros en la sartén durante 5 minutos.
5. Cubra los mejillones con vino, mantequilla y sal.
6. Agrega los puerros a los mejillones.
7. Hornee los mejillones en la Air Fryer durante 15 minutos.
8. ¡Agrega tocino a los mejillones y sírvelos con perejil!

Nutrición:

- Calorías: 100
- Grasas: 2,6g
- Hidratos de carbono: 6,6 g
- Proteínas: 12,7 g

Salmón de la bahía vieja

¡Deliciosa carne de pescado tierna con salsa suave y satisfactoria!

Tiempo de preparación: 5 minutos

Tiempo de cocción: 15 minutos.

Porciones: 6

Ingredientes:

- 2 libras de filetes de salmón

- 1 cucharada de aceite

- 1 cucharada de aceite de aguacate

- 1 cucharada de condimento de laurel viejo

- 1 cucharada de jugo de limón

Direcciones:

1. Lavar y cortar el salmón.

2. Mezcle Old Bay, jugo de limón y aceite.

3. Cubra el pescado con la marinada.

4. Encienda Air Fryer y precaliente hasta 360oF.

5. Cubra los filetes con aceite de aguacate.

6. Hornee los filetes durante 15 minutos en la Air Fryer.

7. ¡Sirve con limón!

Nutrición:

- Calorías: 227
- Grasas: 21g
- Hidratos de Carbono: 4g
- Proteína: 18g

Nuggets de pescado con costra de panko

¡La dulce y satisfactoria cocina asiática te dará energía y vitaminas!

Tiempo de preparación: 15 minutos

Tiempo de cocción: 15 minutos.

Porciones: 4

Ingredientes:

- 28 oz de filetes de pescado
- Jugo de limon al gusto
- Sal al gusto
- Pimienta al gusto
- 1 cucharadita de eneldo picado
- 5 cucharadas de harina
- 4 cucharadas de mayonesa
- Huevo
- 1 cucharada de ajo en polvo
- 3.5 oz de pan rallado
- 1 cucharada de pimentón

Direcciones:

1. Encienda la Air Fryer y precaliente a 400oF.
2. Cubra los filetes con sal y pimienta.
3. Mezcle la harina con el agua en un recipiente aparte.
4. Mezcle el huevo con la mantequilla y agregue a la mezcla de harina.
5. Mezclar el pan rallado, el pimentón y el ajo en polvo en el otro plato.
6. Coloque los filetes en la mezcla de mantequilla y cúbralos con la mezcla de ajo y pimentón.
7. Hornee el pescado en la Air Fryer durante 15 minutos.
8. Sirve con salsa de mayonesa.

Nutrición:

- Calorías: 280
- Grasas: 3,5 g
- Hidratos de Carbono: 27g
- Proteína: 35g

Pastel de galleta crujiente de manzana

Masa crujiente con manzanas tiernas y tiernas llenas de vitaminas:
¡un verdadero placer!

Tiempo de preparación: 30 minutos.

Tiempo de cocción: 25 minutos.

Porciones: 4

Ingredientes:

- 5 huevos
- 3.5 oz de azúcar
- 4,2 oz de azúcar
- 4,2 oz de harina
- 4 manzanas
- 3,9 oz de mantequilla
- 3.5 oz de avena
- 4,2 oz de harina
- 1 pizca de canela
- 4 cucharadas de azúcar morena
- 1 pizca de anís estrellado molido
- 3.5 oz de azúcar
- 1 paquete de mini galletas de barquillo de mantequilla
- 16.9 fl oz de crema batida

Direcciones:

1. Encienda Air Fryer y precaliente hasta 360oF.

2. Mezcle 3.5 oz de azúcar con huevos usando una batidora de mano.

3. Agregue 4.2 oz de harina a la mezcla de huevos.

4. Agregue mantequilla a la mezcla y hornee por 30 minutos en la Air Fryer.

5. Mezclar la harina, 1 manzana picada, la canela y la mantequilla. Forma la masa.

6. Cortar las manzanas recordadas en trozos y espolvorear con azúcar morena.

7. Cocine en la Air Fryer durante 20 minutos.

8. Licuar las cremas con el azúcar y rellenar el postre con la nata.

9. ¡Sirve con azúcar en polvo y hojas de menta fresca!

Nutrición:

- Calorías: 100
- Grasas: 4,5 g
- Hidratos de Carbono: 14g
- Proteína: 1g

Pie de manzana

¡La tarta de manzana dulce y fresca con esencia de vainilla y azúcar en polvo puede hacer que cualquier día de la semana sea más brillante y lleno de sabor!

Tiempo de preparación: 5 minutos.
Tiempo de cocción: 20 minutos.
Porciones: 9

Ingredientes:

- 2.8 oz de harina
- 5 cucharadas de azúcar
- 1,16 oz de mantequilla
- 3 cucharadas de canela
- 2 manzanas

Direcciones:

1. Encienda Air Fryer y precaliente hasta 360oF.
2. Mezcle la mantequilla con 3 cucharadas de azúcar y harina. Forma repostería.
3. Lavar y cortar las manzanas.
4. Cubra las manzanas con azúcar y canela.
5. Coloque las manzanas sobre la masa y cubra con la masa recordada.
6. Coloque el pastel en la Air Fryer y cocine por 20 minutos.
7. Sirva con azúcar glass y hojas de menta fresca.

Nutrición:

- Calorías: 230
- Grasas: 8g
- Hidratos de Carbono: 37g
- Proteína: 2g

Manzana con Almendras

Manzanas sabrosas y saludables con nueces satisfactorias: ¡postre perfecto y bajo en calorías!

Tiempo de preparación: 15 minutos.

Tiempo de cocción: 20 minutos.

Porciones: 4

Ingredientes:

- 4 manzanas
- 1,41 oz de almendras
- Crema batida
- 0.88 oz pasas
- 2 cucharadas de azúcar

Direcciones:

1. Encienda Air Fryer y precaliente hasta 360oF.
2. Lave las manzanas y límpielas. Corta los núcleos.
3. Mezclar azúcar con almendras, pasas. Usa una licuadora.
4. Rellena las manzanas con la mezcla de almendras.
5. Cocine las manzanas en la Air Fryer durante 10 minutos.
6. ¡Sirve con azúcar glass!

Nutrición:

- Calorías: 200
- Grasas: 24g
- Hidratos de Carbono: 33g
- Proteína: 5g

Crumble de albaricoque y arándanos

¡El crumble de arándanos suave, tierno y súper dulce es fácil y rápido de cocinar con Air Fryer!

Tiempo de preparación: 15 minutos
Tiempo de cocción: 20 minutos.
Porciones: 4

Ingredientes:

- 8,8 oz de albaricoques
- 3.5 oz de harina
- 2.8 oz de azúcar
- 1 cucharada de jugo de limón
- 3.5 oz de moras frescas
- 0.35 oz de mantequilla

Direcciones:

1. Encienda la Air Fryer y precaliente a 400oF.
2. Lave frutas y bayas.
3. Picar los albaricoques y cubrir con azúcar y jugo de limón. Agrega las moras.
4. Vierta la mezcla de frutas en forma de hornear.
5. Mezclar la harina con el azúcar, la sal y la mantequilla. Cubra la mezcla de bayas con la masa y cocine en la freidora durante 20 minutos.
6. ¡Sirve con helado!

Nutrición:

- Calorías: 157
- Grasas: 6,4g
- Hidratos de Carbono: 23g
- Proteína: 2g

Manzanas al Horno con Pasas

Postre extra saludable, incluso si está a dieta, ¡puede permitírselo usted mismo!

Tiempo de preparación: 20 minutos.
Tiempo de cocción: 20 minutos.
Porciones: 2

Ingredientes:

- 2 manzanas
- Sartén para pizza
- 1 cucharada de pasas
- 2 cucharadas de leche
- 2 hojas de hojaldre

Direcciones:

1. Lave y pele las manzanas.
2. Encienda y precaliente la Air Fryer hasta 360oF.
3. Mezclar las pasas con la masa.
4. Coloque las rodajas de manzana en la masa y enrolle.
5. Coloque los rollos en la bandeja para pizza y cocine en la Air Fryer durante 20 minutos.
6. ¡Sirve con azúcar glass!

Nutrición:

- Calorías: 187
- Grasas: 1g
- Hidratos de Carbono: 43g
- Proteína: 1g

Tarta de queso de cumpleaños

Organice una celebración real: ¡solo hornee un pastel de queso suave con cobertura de chocolate y dulces!

Tiempo de preparación: 25 minutos

Tiempo de cocción: 55 minutos.

Porciones: 8

Ingredientes:

- 6 digestivos
- Chocolate caliente
- 28 oz de queso blando
- 6 huevos
- 1 cucharada de esencia de vainilla
- 17.6 oz de azúcar
- 1,76 oz de mantequilla derretida
- 4 cucharadas de cacao en polvo
- 2 cucharadas de miel

Direcciones:

1. Encienda la Air Fryer y precaliente a 350oF.
2. Haga migas de digestivos y mezcle con mantequilla derretida.
3. Licúa 5 huevos, azúcar, queso tierno, miel y esencia de vainilla.
4. Coloque la mitad de la mezcla sobre las migas y la mezcla recordatoria coloque en el refrigerador.
5. Cocine las migas con la mezcla en la Air Fryer durante 55 minutos.
6. Mezcle el cacao en polvo con el huevo recordado.
7. Coloque esta mezcla sobre el pastel de queso horneado y cubra con la mezcla del refrigerador.
8. Ponga la tarta de queso en la nevera durante 11 horas.
10. Sirve con galletas de chocolate.

Nutrición:

- Calorías: 500
- Grasas: 33g
- Hidratos de Carbono: 44g
- Proteína: 5g

Brownies en blanco y negro

Mezcla de brownies y dos tipos de chocolate absolutamente diferentes: ¡este postre tierno y dulce te inspirará!

Tiempo de preparación: 10 minutos
Tiempo de cocción: 20 minutos.
Porciones: 2

Ingredientes:

- Huevo
- ¼ de taza de chispas de chocolate
- 2 cucharadas de azucar blanca
- ¼ taza de azúcar morena
- 1/3 taza de harina
- 2 cucharadas de aceite de cártamo
- 1 cucharadita de vainilla
- ¼ taza de cacao en polvo

Direcciones:

1. Encienda Air Fryer y precaliente hasta 320oF.
2. Mezclar el huevo batido con el azúcar morena, el aceite y la vainilla.
3. Mezcle el cacao en polvo con la harina y agregue a la mezcla de azúcar.
4. Prepare un molde para hornear para la Air Fryer.
5. Vierta la masa de brownie en la Air Fryer y cocine por 20 minutos.
6. Sirve con helado de vainilla.

Nutrición:

- Calorías: 470
- Grasas: 13g
- Hidratos de Carbono: 30g
- Proteína: 2g

Empanadas de mano de la Selva Negra

Galletas pequeñas con olor dulce y chocolate tierno, ¡algo que te encantará probar!

Tiempo de preparación: 10 minutos.

Tiempo de cocción: 15 minutos.

Porciones: 6

Ingredientes:

- 3 cucharadas de chispas de chocolate con leche
- 2 cucharadas de salsa fudge picante
- 2 cucharadas de cerezas secas
- Clara de huevo
- ½ cucharadita de canela
- 1 hoja de hojaldre

Direcciones:

1. Encienda Air Fryer y precaliente hasta 360oF.
2. Mezcle las chispas de chocolate con las cerezas secas y la salsa fudge.
3. Cortar la masa en 6 rebanadas.
4. Ponga una rebanada de chocolate en la masa.

5. Agrega cerezas a la empanada.

7. Forma triángulos de la masa.

8. Cubrir los triángulos con la clara de huevo batida y la canela.

9. Cocine durante 15 minutos en la Air Fryer.

10. Sirve con helado de chocolate.

Nutrición:

- Calorías: 176
- Grasas: 46g
- Hidratos de Carbono: 15g
- Proteína: 1g

Tarta de queso con arándanos

El postre suave y dulce, bajo en calorías y ligero será su favorito, ¡simplemente pruebe la tarta de queso tradicional con cobertura de arándanos!

Tiempo de preparación: 20 minutos
Tiempo de cocción: 40 minutos.
Porciones: 8

Ingredientes:

- 6 digestivos
- 1 cucharada de esencia de vainilla
- 21 oz de queso blando
- 5 cucharadas de azúcar glas
- 10.6 oz de azúcar en polvo
- 1,76 oz de mantequilla
- 4 huevos
- 2 cucharadas de yogur
- 3.5 oz de arándanos

Direcciones:

1. Encienda Air Fryer y precaliente hasta 360oF.
2. Sacar la mantequilla de la nevera y dejar que se derrita durante 20 minutos.
3. Romper los digestivos y mezclar con la mantequilla derretida.
4. Use una batidora para mezclar queso blando con azúcar.
5. Agrega los huevos, el yogur y la esencia de vainilla a la mezcla de queso y licúa una vez más.
6. Coloque los digestivos con mantequilla en el fondo de los moldes para hornear. Vierta la mezcla de queso en la primera capa y coloque los moldes para hornear en la Air Fryer durante 20 minutos.
7. Licúa la mitad de los arándanos y agrégalos a la tarta de queso en la Air Fryer. Cocine el pastel de queso por 20 minutos más.
8. ¡Coloque arándanos frescos encima de los pasteles de queso y sirva!

Nutrición:

- Calorías: 310
- Grasas: 15g
- Hidratos de Carbono: 30g
- Proteína: 3g

Tartas Británicas con Limón

Cupcakes con caramelo, limón y crema ligera: ¿qué puede ser mejor?

Tiempo de preparación: 15 minutos

Tiempo de cocción: 15 minutos.

Porciones: 8

Ingredientes:

- 3,5 oz de mantequilla
- Nuez moscada al gusto
- 8,8 oz de harina
- 4 cucharaditas de cuajada de limón
- 1.06 oz de azúcar
- Limón

Direcciones:

1. Encienda Air Fryer y precaliente hasta 360oF.
2. Mezcle la mantequilla, el azúcar, las rodajas de limón, la nuez moscada, el jugo y la harina.
3. Rollo de masa.
4. Agregue cuajada de limón a las tartas y cocine en la Air Fryer durante 15 minutos.
5. Sirve con hojas de menta.

Nutrición:

- Calorías: 460
- Grasas: 25,5g
- Hidratos de Carbono: 53g
- Proteína: 4g

Esponja Victoria Británica

Galleta celestial, deliciosa y suave con crema de fresa: ¡postre perfecto y ligero!

Tiempo de preparación: 15 minutos.
Tiempo de cocción: 25 minutos.
Porciones: 4

Ingredientes:

- 3.5 oz de harina
- 1 cucharada de nata montada
- 2 huevos
- 5,3 oz de mantequilla
- 7.1 oz de azúcar
- 2 cucharadas de mermelada de fresa

Direcciones:

1. Encienda Air Fryer y precaliente hasta 360oF.

2. Prepare un molde para hornear (forma de círculo) para la Air Fryer.

3. Mezcle 3.5 oz de azúcar con 3.5 oz de mantequilla para obtener crema.

4. Agrega harina con huevos a la mezcla y licúa.

5. Cocine la mezcla durante 25 minutos en la Air Fryer.

6. Haga una mezcla de azúcar recordada con mantequilla y agregue mermelada de fresa.

7. Corta la galleta en dos círculos.

8. Poner crema en el centro y servir con azúcar glass.

Nutrición:

- Calorías: 324

- Grasas: 20,2g

- Hidratos de carbono: 33,2 g

- Proteínas: 3,9 g

Tarta de queso con caramelo

Pastel de queso ligero y satisfactorio cubierto con caramelo dulce derretido, ¿suena bien? ¡Sabe aún mejor!

Tiempo de preparación: 20 minutos
Tiempo de cocción: 40 minutos.
Porciones: 8

Ingredientes:

- 6 digestivos
- 1 cucharada de chocolate amargo caliente
- 4 huevos
- 1,76 oz de mantequilla (derretida)
- 1 cucharada de esencia de vainilla
- 1 lata de leche
- 8.8 oz de azúcar
- 17.6 oz de queso blando

Direcciones:

1. Encienda Air Fryer y precaliente hasta 360oF.

2. Mezcle los digestivos desmenuzados con mantequilla.

3. Prepara moldes para hornear para cupcakes.

4. Ponga migas con mantequilla en el fondo de cada forma.

5. Caliente la leche.

6. Mezcle el caramelo con la leche caliente.

7. Mezcle el azúcar con el queso blando con una batidora. Agregue huevos, vainilla y caramelo a la mezcla de queso.

9. Vierta la mezcla de queso sobre los digestivos y cocine en la Air Fryer durante 40 minutos.

10. ¡Cubre las tartas de queso con chocolate caliente y sírvelas!

Nutrición:

- Calorías: 430
- Grasas: 26g
- Hidratos de Carbono: 45g
- Proteína: 7g

palomitas de caramelo

¡El mejor postre para una velada tranquila con películas!

Tiempo de preparación: 5 minutos.

Tiempo de cocción: 15 minutos.

Porciones: 1

Ingredientes:

- 2 cucharadas de aceite de oliva
- 1 paquete de granos
- ½ taza de mantequilla
- 1 taza de azúcar morena
- 2 cucharadas de extracto de agave
- 1 cucharadita de bicarbonato de sodio
- 1 cucharadita de vainilla en polvo

Direcciones:

1. Encienda la Air Fryer y precaliente a 450oF.
2. Coloque los granos en la Air Fryer y vierta el aceite de oliva por encima. Cocine las palomitas de maíz durante 10 minutos.
3. Pon las palomitas de maíz en el plato y reserva.
4. Prepara la sartén. Coloque la mantequilla, el azúcar morena, la vainilla en polvo, el extracto de agave y el bicarbonato de sodio en la sartén.
5. Cubra las palomitas de maíz con la mezcla de agave.
6. Ponga las palomitas de maíz en la Air Fryer y cocine por 10 minutos más.
7. ¡Atender!

Nutrición:

- Calorías: 130
- Grasas: 3g
- Hidratos de Carbono: 22g
- Proteína: 2g

Magdalenas De Tarta De Queso

Prueba este postre extra delicioso, suave y dulce - textura cremosa con masa crujiente - ¡prueba estos cupcakes rápidos!

Tiempo de preparación: 15 minutos.

Tiempo de cocción: 20 minutos.

Porciones: 10

Ingredientes:

- 7,1 oz de harina
- Puñado de chispas de chocolate
- 4 cucharadas de miel
- 3,5 oz de mantequilla
- 8.1 oz de azúcar en polvo
- colorante rojo para la comida
- 2 huevos
- 1.06 oz de cacao en polvo
- 2 cucharadas de yogur
- 6 cucharadas de leche
- 10.6 oz de queso blando
- Limón
- 2 cucharaditas de esencia de vainilla

Direcciones:

1. Encienda Air Fryer y precaliente hasta 360oF.
2. Mezcle la mantequilla derretida con la harina.
3. Mezcle el azúcar en polvo, el cacao en polvo, la mezcla de harina, los huevos, el limón y la mitad de la esencia de vainilla.
4. Agrega leche a la masa.
5. Agrega colorante rojo a la mezcla.
6. Preparamos moldes para hornear y rellénalos con la masa.
7. Cocine la masa en la Air Fryer durante 20 minutos.
8. Mezclar miel, queso de pasta blanda, yogur y esencia de vainilla recordada.
9. Deje reposar la cobertura en el frigorífico durante 10 minutos.
11. Cubrir los cupcakes con la nata y poner en el frigorífico durante 2 horas.
12. Sirva con frutos rojos.

Nutrición:

- Calorías: 226
- Grasas: 13g
- Hidratos de Carbono: 21g
- Proteína: 4g

Pastel de cerezas

¡Pastel de cereza dulce y crujiente para llenar los días con el sabor del verano!

Tiempo de preparación: 5 minutos
Tiempo de cocción: 15 minutos.
Porciones: 8

Ingredientes:

- 1 sensación de pastel de cereza de 21 oz
- 2 masas de tarta
- 1 cucharada de leche
- Yema de huevo

Direcciones:

1. Encienda Air Fryer y precaliente hasta 310oF.
2. Haz agujeros en la masa de la tarta.
3. Cocine la masa de pastel en la Air Fryer durante 5 minutos.
4. Coloque las cerezas en la corteza y cubra con la segunda parte de la corteza.
5. Mezclar la yema con la leche y cubrir el pastel con esta mezcla.
6. Hornee en la Air Fryer durante 15 minutos.
7. ¡Sirve con azúcar glass!

Nutrición:

- Calorías: 400
- Grasas: 18g
- Hidratos de Carbono: 56g
- Proteína: 4g

Pastel de chocolate

Derretir chocolate en tu ratón con masa crujiente y olor dulce: ¡algo especial hoy!

Tiempo de preparación: 20 minutos

Tiempo de cocción: 25 minutos.

Porciones: 8

Ingredientes:

- 3 huevos
- 5.3 oz de chocolate
- 5.3 oz de harina
- 1,76 oz de mantequilla
- 4,1 onzas líquidas de crema
- 3 cucharaditas de esencia de vainilla
- 1,41 oz de cacao en polvo
- 4,2 oz de mantequilla blanda
- ½ cucharadita de refresco
- 1 cucharadita de levadura en polvo
- 5.3 oz de azúcar en polvo
- 7.1 oz de azúcar glas

Direcciones:

1. Encienda Air Fryer y precaliente hasta 320oF.
2. Licue los huevos, el azúcar en polvo, 2 cucharaditas de esencia de vainilla, cacao en polvo, harina, levadura en polvo, soda, crema y 1.76 oz de mantequilla.
3. Cocine la mezcla en la Air Fryer durante 25 minutos.
4. Prepare un recipiente con agua caliente y coloque un plato encima. Pon el chocolate en el plato y derrítelo.
5. Mezclar chocolate derretido con azúcar glas y mantequilla recordada.
6. ¡Cubre el pastel con la mezcla de chocolate y sírvelo!

Nutrición:

- Calorías: 219
- Grasas: 2,1g
- Hidratos de Carbono: 51g
- Proteína: 2,4 g

Galletas con chispas de chocolate

¡Las galletas extra dulces y crujientes pueden ser tanto un postre satisfactorio como un complemento para el almuerzo!

Tiempo de preparación: 5 minutos.

Tiempo de cocción: 15 minutos.

Porciones: 12

Ingredientes:

- 8,8 oz de harina
- 3 puñados de chispas de chocolate
- 4 cucharadas de miel
- 1,41 oz de azúcar de coco
- 1 cucharada de cacao en polvo
- 3 cucharadas de leche
- 1 cucharadita de esencia de vainilla
- 2.8 oz de azúcar morena
- 5,3 oz de mantequilla

Direcciones:

1. Encienda la Air Fryer y precaliéntela hasta 360oF.
2. Mezcle la mantequilla derretida con el azúcar. Agregue harina, miel, cacao en polvo, esencia de vainilla y leche a la mezcla.
3. Formar galletas de masa.
4. Romper las chispas de chocolate y cubrir las galletas con ellas.
5. Cocine las galletas en la Air Fryer durante 15 minutos.
7. Sirve las galletas con leche.

Nutrición:

*   Calorías: 130
*   Grasas: 7g
*   Hidratos de Carbono: 16g

Pastel de galletas de chocolate

¿Te imaginas un pastel de galletas? Pruebe el nuevo recibo de Air Fryer, ¡no se arrepentirá!

Tiempo de preparación: 5 minutos.

Tiempo de cocción: 20 minutos.

Porciones: 7

Ingredientes:

- 3,5 oz de mantequilla
- 1 cucharada de leche
- 2.5 oz de azúcar
- 3.5 oz de chocolate
- 4 cucharadas de miel
- 6 oz de harina

Direcciones:

1. Encienda la Air Fryer y precaliente a 350oF.
2. Derretir la mantequilla y mezclarla con el azúcar para obtener una crema.
3. Mezcle la miel con la mezcla de mantequilla y agregue la harina. Forma la masa.
4. Romper el chocolate en la licuadora en los trozos pequeños.
5. Mezcle el chocolate con la masa.
6. Licúa el chocolate con la leche y rellena el molde para hornear con él.
7. Cocine el pastel en la Air Fryer durante 20 minutos.
8. Sirve la tarta de chocolate con helado de vainilla.

Nutrición:

- Calorías: 186
- Grasas: 7g
- Hidratos de Carbono: 29g
- Proteína: 1,2 g

Eclairs de chocolate

Solo imagina esta masa dulce y tierna con chocolate derretido y cremas suaves en el interior: ¡prueba este sencillo recibo ahora mismo!

Tiempo de preparación: 15 minutos
Tiempo de cocción: 25 minutos.
Porciones: 9

Ingredientes:

- 0,88 oz de mantequilla
- 1.76 oz de chocolate con leche
- 5.3 oz de crema batida
- 1,76 oz de mantequilla
- 5.1 onzas líquidas de agua
- 1 cucharadita de azúcar glas
- 3 huevos
- 1 cucharadita de esencia de vainilla
- 3.5 oz de harina

Direcciones:

1. Encienda Air Fryer y precaliente hasta 360oF.

2. Mezcle las cremas con azúcar glas y 0,88 oz de mantequilla. Use una batidora de mano.

3. Prepare un bol con agua caliente y coloque un plato con chocolate encima.

4. Agregue 1.76 oz de mantequilla y crema al chocolate y caliente.

5. Derretir la mantequilla en el agua y la harina de culo.

6. Agrega los huevos a la harina y forma una masa. Haz canutillos con la masa.

7. Hornee la masa en la Air Fryer durante 20 minutos.

8. Corta canutillos en mitades.

9. Rellena los canutillos con la crema.

10. Cubra los canutillos con el chocolate derretido.

11. Sirva con hojas de menta fresca.

Nutrición:

- Calorías: 390
- Grasas: 19g
- Hidratos de carbono: 52g
- Proteína: 5g

Fondant de Chocolate con Naranja

¡Fondant es uno de los postres franceses más famosos! Crujiente por fuera, pero muy suave, solo pruébalo y sentirás un dulce chocolate caliente con helado de vainilla y extracto de naranja.

Tiempo de preparación: 15 minutos.

Tiempo de cocción: 25 minutos.

Porciones: 4

Ingredientes:

- 2 huevos
- 2 cucharadas de harina
- naranja
- 4 cucharadas de azúcar
- 3,9 oz de mantequilla derretida
- 4,2 oz de chocolate negro

Direcciones:

12. Encienda Air Fryer y precaliente hasta 360oF.

13. Prepare un tazón grande con agua caliente. Coloque un plato encima y derrita el chocolate con mantequilla.

14. Mezclar el chocolate con la mantequilla para obtener una crema.

15. Licue los huevos con el azúcar.

16. Lavar y cortar la naranja.

17. Agregue naranja a la mezcla de huevo.

18. Agrega harina a la mezcla de huevo y mezcla con el tenedor.

19. Agrega chocolate con mantequilla a la mezcla de harina y mezcla con el tenedor una vez más.

20. Prepare formas para hornear y rellénelas con la mezcla.

21. Coloque moldes para hornear con fondant en la Air Fryer y cocine por 12 minutos.

22. Dé la vuelta a los moldes para hornear y coloque fondants en el plato. Sirva con helado de vainilla y una hoja de menta fresca.

Nutrición:

- Calorías: 421
- Grasas: 27,5g
- Hidratos de carbono: 37,2 g
- Proteína: 6,4 g

Muffins de chocolate

Rápido y fácil: ¡el muffin de chocolate hará que cualquier día sea mucho mejor!

Tiempo de preparación: 10 minutos.
Tiempo de cocción: 15 minutos.
Porciones: 12

Ingredientes:

- 7,1 oz de harina
- ½ cucharadita de extracto de vainilla
- 8.8 oz de azúcar
- 0.88 oz de cacao en polvo
- 5 cucharadas de leche
- 3,5 oz de mantequilla
- 2.5 oz de chocolate
- 2 huevos

Direcciones:

1. Encienda Air Fryer y precaliente hasta 360oF.

2. Mezclar la harina con el azúcar y el cacao en polvo.

3. Mezcle los huevos con la leche y la mantequilla.

4. Agregue la mezcla de huevos con la mezcla de harina.

5. Agrega esencia de vainilla a la masa y mezcla.

6. Romper el chocolate en cubos de diferentes formas y agregar a la masa. Mezcle la masa una vez más.

7. Prepara moldes para hornear para cupcakes y rellénalos con la masa.

8. Cocine los muffins en la Air Fryer durante 10 minutos.

9. ¡Sirve con crema de chocolate y helado!

Nutrición:

- Calorías: 170

- Grasas: 5g

- Hidratos de Carbono: 28g

- Proteína: 7g

Muffins de chocolate con naranja

Chocolate negro con jugo de naranja y masa crujiente: ¡tiene un sabor extra fresco y especial!

Tiempo de preparación: 20 minutos
Tiempo de cocción: 15 minutos.
Porciones: 8

Ingredientes:

- 3.5 oz de harina
- 1,76 oz de mantequilla
- 1 cucharada de miel
- 1.7 fl oz de jugo de naranja
- 3,9 oz de azúcar en costra
- 0.71 oz de cacao en polvo
- 2 huevos
- 3.5 oz de azúcar glas
- 1.69 onzas líquidas de leche
- 1 cucharadita de esencia de vainilla
- 1 cucharadita de semillas de cacao
- 1,76 oz de mantequilla derretida
- naranja

Direcciones:

1. Encienda la freidora y precaliente a 360oF.

2. Mezcle la harina, el azúcar y la mantequilla.

3. Mezclar rodajas de naranja, miel, cacao y esencia de vainilla. Agregue a la mezcla de harina.

4. Rellene los moldes para hornear con la masa y cocine en la Air Fryer durante 12 minutos.

5. Mezcle la mantequilla, el azúcar y el jugo de naranja.

6. ¡Cubre los muffins con la crema y sírvelos!

Nutrición:

- Calorías: 231
- Grasas: 8g
- Hidratos de Carbono: 33g
- Proteína: 4g

Pastel de taza de chocolate

Postre rápido y dulce en la taza: ¡algo satisfactorio y delicioso!

Tiempo de preparación: 5 minutos.

Tiempo de cocción: 10 minutos.

Porciones: 1

Ingredientes:

- ¼ de taza de harina
- 3 cucharaditas de aceite de coco
- 5 cucharadas de azúcar
- 3 cucharadas de leche
- 1 cucharada de cacao en polvo

Direcciones:

7. Prepare la taza y mezcle el azúcar, la harina, el aceite de coco, el cacao en polvo y la leche.
8. Precaliente la freidora de aire hasta 400oF.
9. Coloque la taza con la masa en la Air Fryer.
10. Cocine la masa durante 10 minutos en la Air Fryer.
11. Sirve con helado de vainilla.

Nutrición:

- Calorías: 146
- Grasas: 12g
- Hidratos de carbono: 7,5 g
- Proteína: 8g

Cupcakes de chocolate y maní

Cupcakes suaves y tiernos con cacahuetes satisfactorios para el postre, ¡algo dulce y suave!

Tiempo de preparación: 10 minutos.

Tiempo de cocción: 10 minutos.

Porciones: 8

Ingredientes:

- 1 taza de mezcla para pastel de chocolate.
- Huevo
- Yema
- ¼ de taza de cártamo
- 1/3 taza de crema agria
- 3 cucharadas de mantequilla de maní
- 1 cucharada de azúcar en polvo
- 1 cucharada de harina

Direcciones:

1. Encienda Air Fryer y precaliente hasta 320oF.
2. Mezclar el huevo, la harina, la yema, el aceite de cártamo y la nata.
3. Combine la mantequilla de maní y el azúcar en polvo en el otro tazón. Licúa 2 mezclas de yema y mantequilla.
4. Haz 8 bolas de la mezcla.
5. Coloque la mezcla de chocolate en los moldes para hornear de la Air Fryer.
6. Agregue la mantequilla de maní y la mezcla de huevo.
7. Coloque los moldes para hornear en la Air Fryer y cocine durante 15 minutos.
8. ¡Sirve con azúcar glass!

Nutrición:

Calorías: 485

Grasas: 24g

Hidratos de Carbono: 62g

Proteínas: 3,9 g

Profiteroles de chocolate

Crema ligera y dulce que se derrite en tu ratón con galletas crujientes: ¡un postre tan delicioso y dulce que no te dejará indiferente!

Tiempo de preparación: 15 minutos.

Tiempo de cocción: 20 minutos.

Porciones: 9

Ingredientes:

- 10 fl oz de agua
- 5,3 oz de mantequilla
- 13.5 onzas líquidas de crema
- 3.5 oz de chocolate con leche
- 5 cucharadas de azúcar
- 7,1 oz de harina
- 2 cucharaditas de esencia de vainilla
- 6 huevos

Direcciones:

1. Encienda la Air Fryer y precaliente a 350oF.
2. Mezclar la mantequilla, el agua, los huevos y calentar en el bol.
3. Agrega harina a la mezcla de huevo y licúa. Forme la masa de la mezcla.
4. Hacer profiteroles de la masa y cocinar en la Air Fryer durante 10 minutos.
5. Haz una mezcla de esencia de vainilla, cremas y 2 cucharadas de azúcar.
6. Mezcle la mantequilla recordada con el azúcar y el chocolate.
7. Prepare un recipiente con agua caliente y coloque un plato sobre él. Poner la mezcla de chocolate en el plato y calentar.
8. Cortar los profiteroles en dos mitades horizontalmente y rellenar con crema.
9. ¡Cubra los profiteroles con chocolate caliente y sirva!

Nutrición:

Calorías: 198

Grasas: 16g

Hidratos de Carbono: 10g

Proteínas: 3,6 g

Galletas de Navidad con Naranja

No son solo galletas especiales para la celebración especial, ¡sino también galletas extra deliciosas para cualquier día de la semana!

Tiempo de preparación: 10 minutos

Tiempo de cocción: 15 minutos.

Porciones: 8

Ingredientes:

- Chocolate negro
- 7,8 oz de harina
- 2 cucharadas de cacao en polvo
- Huevo
- 2 cucharaditas de esencia de vainilla
- 3.5 oz de azúcar
- 1 taza de jugo de naranja
- 3,5 oz de mantequilla blanda

Direcciones:

1. Encienda Air Fryer y precaliente hasta 360oF.
2. Mezclar la mantequilla con la harina.
3. Mezclar jugo de naranja con esencia de vainilla, azúcar y cacao en polvo.
4. Agregue huevo a la mezcla de naranja.
5. Agrega la mezcla de naranja a la masa.
6. Formar bolas de masa.
7. Ponga un cuadrado de chocolate amargo encima de cada bola de masa.
8. Cocine las galletas en la Air Fryer durante 15 minutos.
9. Sirve con azúcar glass.

Nutrición:

- Calorías: 150
- Grasas: 6g
- Hidratos de Carbono: 23g
- Proteína: 2g

Galletas con Chocolate Blanco

Pruebe algo más ligero, más suave y más extraordinario: ¡galletas de chocolate blanco dulces y tiernas!

Tiempo de preparación: 20 minutos

Tiempo de cocción: 10 minutos.

Porciones: 8

Ingredientes:

- 1.01 onzas líquidas de miel
- 6 oz de harina
- 2.1 oz de chocolate blanco
- 1.01 onzas líquidas de leche
- 2.5 oz de azúcar
- 3,5 oz de mantequilla

Direcciones:

1. Encienda Air Fryer y precaliente hasta 360oF.
2. Mantequilla derretida.
3. Rompe el chocolate blanco en migas.
4. Mezcle la mantequilla con el azúcar usando una batidora.
5. Mezcle la miel con la leche y el chocolate. Agregue a la mezcla de mantequilla.

6. Agregue harina a la mezcla de mantequilla.

7. Formar galletas de la masa.

8. Hornee las galletas en la Air Fryer durante 20 minutos.

9. ¡Sirve galletas con leche!

Nutrición:

- Calorías: 230
- Grasas: 11g
- Hidratos de Carbono: 44g
- Proteína: 5g

Crème Brule

Seguro que te gustará este postre suave y tierno: la crème Brule era el plato favorito de los reyes y reinas franceses.¡Prueba este postre real con Air Fryer!

Tiempo de preparación: 50 minutos
Tiempo de cocción: 30 minutos.
Porciones: 4

Ingredientes:

- 2 vainas de vainilla
- 4,9 oz de azúcar
- 10 huevos
- 8.5 fl oz de leche
- 8.5 fl oz de crema
- 2 cucharadas de azúcar morena
- Arándanos
- Grosellas rojas

Direcciones:

1. Limpiar las vainas de vainilla de las semillas.

2. Mezcle la crema con la leche con una batidora de mano.

3. Separe las claras y las yemas en el plato limpio.

4. Agrega azúcar a las yemas y licúa. No necesitas usar blancos.

5. Ponga las vainas de vainilla en la mezcla de yemas. Dejar actuar durante 15 minutos.

6. Encienda Air Fryer y precaliente hasta 270oF.

7. Cocine Brule en la Air Fryer durante 50 minutos.

8. Licue los arándanos con las grosellas y el azúcar moreno. Agrega cremas.

9. ¡Cubra el Brule con la mezcla de arándanos y sirva!

Nutrición:

- Calorías: 300
- Grasas: 25g
- Hidratos de Carbono: 20g
- Proteína: 11g

Taza crumble

Frutas suaves y dulces horneadas en tazas con masa crujiente encima: ¡solo agregue helado de vainilla y sienta el sabor del paraíso!

Tiempo de preparación: 15 minutos.
Tiempo de cocción: 15 minutos.
Porciones: 4

Ingredientes:

- 3.9 oz de harina
- 1 cucharada de miel
- 1.95 oz de azúcar
- Durazno
- manzana
- Pera
- 4 ciruelas
- Arándanos al gusto
- 1,76 oz de mantequilla derretida
- 1.06 oz de avena

Direcciones:

1. Encienda Air Fryer y precaliente hasta 320oF.
2. Lavar y limpiar las moscas.
3. Pica las frutas en cubos pequeños.
4. Prepare un recipiente con agua hirviendo y coloque un plato encima.
5. Ponga 1 oz de azúcar y mantequilla con miel en el plato y mezcle.
6. Coloque frutas en las tazas.
7. Cubra las frutas con el mux de miel.
8. Mezcle la harina con la mantequilla y 0,95 oz de azúcar.
9. Coloque la masa encima de las frutas en tazas y cocine en la Air Fryer durante 15 minutos.
10. Sirve con helado de vainilla.

Nutrición:

- Calorías: 197
- Grasas: 8g
- Hidratos de Carbono: 30g
- Proteína: 2,7 g

Pudín de rosquilla

¿Alguna vez has soñado con una dona extra grande con azúcar en polvo y cobertura de frutas? ¡Ahora es verdad!

Tiempo de preparación: 10 minutos.

Tiempo de cocción: 60 minutos.

Porciones: 4

Ingredientes:

- 6 donas glaseadas
- 0,5 taza de chips para hornear
- 0,5 taza de pasas
- 1,5 taza de crema batida
- 0,25 taza de azúcar
- 0,75 taza de cerezas dulces
- 1 cucharadita de canela
- 4 yemas de huevo

Direcciones:

1. Encienda Air Fryer y precaliente hasta 310oF.
2. Mezclar pasas con azúcar, yemas y nata.
3. Mezcle la harina con las rosquillas desmenuzadas, agregue las chispas de chocolate para hornear y mezcle.
4. Licúa las cerezas. Agrega las cerezas a la mezcla de yemas.
5. Agregue la mezcla de yemas a la mezcla de harina.
6. Prepare formas para hornear y hornee en la Air Fryer durante 40 minutos.
8. Cambie la temperatura a 290oF y hornee por 20 minutos más.
9. ¡Sirve con azúcar glass!

Nutrición:

- Calorías: 390
- Grasas: 23g
- Hidratos de Carbono: 44g
- Proteína: 4g

Bollos de huevo

¡Los dulces y hermosos cupcakes de Pascua son exactamente lo que necesitas para la tierna y elegante celebración!

Tiempo de preparación: 10 minutos

Tiempo de cocción: 20 minutos.

Porciones: 8

Ingredientes:

- 3.5 oz de harina
- Huevos de Cadbury
- 2 cucharadas de miel
- 2 huevos
- 3,5 oz de mantequilla
- 3.5 oz de azúcar en polvo
- 3.5 oz de azúcar glas
- 10.6 oz de queso blando
- 1 cucharada de esencia de vainilla

Direcciones:

1. Encienda Air Fryer y precaliente hasta 360oF.
2. Mezcle la mantequilla con el azúcar usando una batidora.
3. Mezcle la miel con la esencia de vainilla y agregue a la mezcla de mantequilla.
4. Agrega la harina y forma bollos.
5. Cocine los bollos en la Air Fryer durante 20 minutos.
6. Mezclar el azúcar glas con el queso tierno.
7. Cubra los bollos con la mezcla de queso y ponga los huevos encima. ¡Atender!

Nutrición:

- Calorías: 189
- Grasas: 5.3g
- Hidratos de Carbono: 30g
- Proteínas: 4,4 g

Pastel Rey

Pastel grande, delicioso y colorido para ti: ¡algo dulce y fácil de cocinar con Air Fryer!

Tiempo de preparación: 10 minutos.
Tiempo de cocción: 25 minutos.
Porciones: 5

Ingredientes:

* Rollos de canela
* 1 cucharada de azúcar verde
* 1 cucharada de azúcar roja
* 1 cucharada de azúcar azul
* Cremas batidas al gusto

Direcciones:

1. Encienda Air Fryer y precaliente hasta 360oF.
2. Abra los rollos de canela y córtelos en 5 partes.
3. Enrolle rodajas para formar círculos.
4. Coloque los rollos en la Air Fryer durante 5 minutos.
5. Cubra los panecillos horneados con crema batida y ponga azúcar (todos los colores) encima.
6. Sirva con hojas de menta fresca.

Nutrición:

- Calorías: 140
- Grasas: 7g
- Hidratos de Carbono: 17g
- Proteína: 2g

Pastel de coco sobrante

Suave, fácil y delicioso: ¡este recibo lo inspirará!

Tiempo de preparación: 12 minutos

Tiempo de cocción: 50 minutos.

Porciones: 8

Ingredientes:

- 1 lata de leche condensada
- ½ cucharadita de esencia de vainilla
- 8,8 oz de harina
- 6 oz de mantequilla
- 2.5 oz de azúcar de coco

Direcciones:

1. Encienda Air Fryer y precaliente hasta 360oF.
2. Mezcle la harina, el azúcar, la esencia de vainilla y la mantequilla derretida.
3. Forme bolas de la masa y cocine en la Air Fryer durante 10 minutos.
4. Coloque la leche en el agua caliente y espere 40 minutos hasta que adquiera un color caramelo.
5. Cortar la masa por la mitad y rellenar con el caramelo.

6. ¡Sirve con helado!

Nutrición:

- Calorías: 251
- Grasas: 12g
- Hidratos de Carbono: 32g
- Proteína: 4g

Galletas de limón

¡Las galletas frescas y dulces con leche serán el complemento perfecto para cualquier cena!

Tiempo de preparación: 5 minutos

Tiempo de cocción: 5 minutos.

Porciones: 9

Ingredientes:

- 1 cucharadita de esencia de vainilla
- 3.5 oz de azúcar
- Huevo
- 3,5 oz de mantequilla
- 1 limón
- 8,8 oz de harina

Direcciones:

1. Encienda Air Fryer y precaliente hasta 360oF.
2. Derretir la mantequilla y mezclarla con el azúcar y la harina.
3. Cortar el limón y agregar cítricos con huevos a la mezcla.
4. Formar galletas de masa.
5. Cocine las galletas en la Air Fryer durante 5 minutos.
6. Sirve las galletas con azúcar glass.

Nutrición:

- Calorías: 150
- Grasas: 8g
- Hidratos de Carbono: 20g
- Proteína: 2g

Bollos de Limón con Cerezas

Cupcakes suaves y dulces con cerezas encima: ¡hermoso postre para el dulce día!

Tiempo de preparación: 15 minutos.

Tiempo de cocción: 10 minutos.

Porciones: 12

Ingredientes:

- 5,3 oz de mantequilla
- 7.1 oz de azúcar
- ½ limón
- 2 huevos
- 1 cucharadita de cerezas
- 3.5 oz de harina
- ½ cucharadita de esencia de vainilla

Direcciones:

1. Encienda la Air Fryer y precaliente a 350oF.
2. Mezcle 3,5 onzas de mantequilla con 3,5 onzas de azúcar para obtener una crema.

3. Agrega los huevos con esencia de vainilla a la crema.

4. Mezclar la nata con la harina.

5. Rellene los moldes para hornear con masa y cocine en la Air Fryer durante 10 minutos.

6. Cortar el limón y mezclar con el azúcar recordado con la mantequilla.

7. Corta la parte superior de los bollos y haz formas de mariposa. Cubrir las mariposas con la crema y poner las cerezas encima.

8. ¡Atender!

Nutrición:

- Calorías: 170
- Grasas: 0g
- Hidratos de Carbono: 46g
- Proteína: 0g

Pastel de limón fresco

Este pastel ligero nunca será súper dulce: jugo de limón fresco y masa crujiente: ¡agregue vibraciones de verano a los días grises de la semana!

Tiempo de preparación: 15 minutos
Tiempo de cocción: 30 minutos.
Porciones: 8

Ingredientes:

- 1.06 oz de azúcar en polvo
- Huevo
- 1.06 oz de almendras
- 2.5 oz de azúcar
- 8,8 oz de harina
- 4,6 oz de mantequilla
- Sal al gusto
- 1 vaina de vainilla
- 10.6 oz de mantequilla
- 3.4 fl oz de jugo de limón
- 10.6 oz de azúcar en polvo
- 2 limones

- 3.4 fl oz de jugo de limón

- 2 huevos

- 3 yemas de huevo

- Limón

- Azucar solar

- 7.1 oz de azúcar

- 6,8 oz de claras de huevo

- Vinagre

- 5.6 oz de azúcar en polvo

- Grosella espinosa del cabo

- Colorante alimentario amarillo

Direcciones:

1. Haz una mezcla de mantequilla con azúcar y almendras. Cortar por la mitad la vaina de vainilla y eliminar las semillas.

2. Mezclar la vaina de vainilla con el huevo, la sal, la harina y el azúcar.

3. Enrolla la masa y colócala en el frigorífico para que repose.

4. Derretir la mantequilla y agregar el jugo de limón. Mezcle el azúcar en polvo con las claras y las yemas. Calentar la mezcla de limón.

5. Mezcle las claras de huevo con el azúcar en el bol y agregue unas gotas de vinagre.

6. Encienda Air Fryer y precaliente hasta 320oF.

7. Hornee la masa en la Air Fryer durante 10 minutos.

8. Rellena la masa con la mezcla de limón y cocina por 10 minutos más.

9. Agregue colorante a la mezcla blanca y cubra la masa con ella. Hornee por 20 minutos más.

10. ¡Cubra la tarta con azúcar glass, grosella, limón y sirva!

Nutrición:

- Calorías: 380
- Grasas: 19g
- Hidratos de carbono: 49g
- Proteína: 3g

Mini Cheesecakes con Cereza

Agregue vibraciones de verano a los días grises de la semana: ¡pruebe pasteles de queso dulces y suaves con cerezas caramelizadas encima!

Tiempo de preparación: 25 minutos.

Tiempo de cocción: 20 minutos.

Porciones: 6

Ingredientes:

- 4,2 oz de queso blando
- Cerezas frescas al gusto
- 2,5 oz de mantequilla derretida
- 1,41 oz de azúcar de coco
- 1 cucharadita de esencia de vainilla
- 1.06 oz de azúcar glas
- 1.76 oz de harina
- 2 cucharadas de yogur
- 3 cucharadas de caramelo

Direcciones:

1. Encienda Air Fryer y precaliente hasta 360oF.
2. Prepare un bol con agua caliente y coloque un plato con caramelo encima.
3. Calentar el caramelo.
4. Coloca las cerezas en el caramelo y déjalas por 5 minutos.
5. Pon las cerezas en caramelo en la nevera durante 10 minutos más para que descansen.
6. Haz una mezcla de harina con azúcar y mantequilla. Enrolle la masa.
7. Coloque la masa en el fondo de los moldes para hornear y cocine en la freidora durante 20 minutos.
8. Deja que la masa se enfríe.
9. Mezcle el queso tierno con el yogur, la esencia de vainilla y el azúcar con una batidora de mano.
11. Coloque la mezcla de queso sobre la masa en formas para hornear y cubra con cerezas en caramelo.
12. Cocine en Air Fryer durante 10 minutos más.
13. Sirva con hojas frescas de albahaca.

Nutrición:

- Calorías: 189
- Grasas: 12,3g
- Hidratos de carbono: 17,8 g
- Proteínas: 1,9 g

Tarta de queso Nueva York

¡La tarta de queso es uno de los postres más suaves y dulces! ¡Este pastel ligero es bajo en calorías y muy delicioso!

Tiempo de preparación: 20 minutos

Tiempo de cocción: 30 minutos.

Porciones: 8

Ingredientes:

- 8,8 oz de harina
- 1 cucharada de esencia de vainilla
- 5,3 oz de mantequilla
- 1.69 onzas líquidas de quark
- 3.5 oz de azúcar morena
- 3 huevos
- 25 oz de queso
- 2 tazas de azucar blanca

Direcciones:

1. Encienda Air Fryer y precaliente hasta 360oF.
2. Mezcle la harina con el azúcar y 3,5 oz de mantequilla derretida. Forme galletas y cocínelas en la Air Fryer durante 15 minutos.
3. Romper la galleta cocida en el pan rallado.
4. Mezclar el pan rallado con la mantequilla recordada.
5. Licue el queso tierno con el azúcar.
6. Agrega los huevos y la esencia de vainilla a la mezcla de queso.
7. Coloque las migas en el molde para hornear para la Air Fryer y cúbralas con la mezcla de queso.
8. Hornee el pastel de queso en la Air Fryer durante 30 minutos.
9. Deje el pastel de queso en la freidora durante otros 30 minutos.
10. Ponga el cheesecake en la nevera y déjelo reposar durante 5 horas.
11. Sirve la tarta de queso con mermelada de frutos rojos.

Nutrición:

- Calorías: 260
- Grasas: 14g
- Hidratos de Carbono: 32g
- Proteína: 5g

Galletas Sándwich de Avena

¡Galletas crujientes con relleno cremoso y olor suave y tierno!

Tiempo de preparación: 20 minutos

Tiempo de cocción: 10 minutos.

Porciones: 4

Ingredientes:

- 5.3 oz de harina
- 2 cucharaditas de esencia de vainilla
- 3.5 oz de azúcar glas
- ½ limón
- 1,76 oz de mantequilla
- ½ huevo
- ¼ taza de coco
- 3,5 oz de mantequilla
- ½ taza de avena sin gluten
- 0.71 oz de chocolate blanco

Direcciones:

1. Encienda Air Fryer y precaliente hasta 360oF.
2. Mezclar harina, azúcar, mantequilla, huevo, chocolate derretido, coco con 1 cucharadita de esencia de vainilla.
3. Forma galletas.
4. Coloque las galletas en la Air Fryer y cocine durante 20 minutos.
5. Mezclar azúcar glas, mantequilla, jugo de limón y esencia de vainilla con avena.
6. Cubrir una galleta con la nata y cerrar con la otra.
7. ¡Sirve con azúcar glass!

Nutrición:

- Calorías: 75
- Grasas: 3g
- Hidratos de Carbono: 9g
- Proteína: 1g

Pastel de Naranja con Zanahoria

¡Un postre brillante y saludable puede hacer que sus días de semana grises sean varias veces más coloridos!

Tiempo de preparación: 15 minutos
Tiempo de cocción: 10 minutos.
Porciones: 8

Ingredientes:

- 7,8 oz de harina
- 14.1 oz de azúcar
- naranja
- 1,76 oz de mantequilla
- 5.1 onzas líquidas de aceite de oliva
- 2 zanahorias
- 2 cucharadas de leche
- 2 huevos
- 1 cucharadita de especias mixtas

Direcciones:

1. Encienda Air Fryer y precaliente hasta 360oF.
2. Mezcle la harina, las especias, las zanahorias picadas y 7,1 oz de azúcar.
3. Licue la mezcla con aceite de oliva, leche, huevos.
4. Preparar moldes para hornear y rellenar con masa. Hornee en la Air Fryer durante 10 minutos.
5. Mezcle la mantequilla derretida con jugo de naranja y 200 g de azúcar.
6. ¡Cubre el pastel de zanahoria con crema y sirve!

Nutrición:

- Calorías: 273
- Grasas: 14g
- Hidratos de Carbono: 35g
- Proteína: 3g

Pastel De Harina De Maíz De Naranja

Este postre es rápido y fácil de cocinar, ¿por qué no probar algo especial?

Tiempo de preparación: 10 minutos.

Tiempo de cocción: 25 minutos.

Porciones: 8

Ingredientes:

- 1 ¼ taza de harina
- 1/3 taza de harina de maíz amarilla
- 1 cucharadita de vainilla
- ¼ de taza de azúcar en polvo
- 1 ¼ taza de jugo de naranja
- ¼ taza de aceite de cártamo
- 1 cucharadita de bicarbonato de sodio
- ¾ taza de azúcar

Direcciones:

1. Encienda Air Fryer y precaliente hasta 360oF.
2. Mezcle la harina con bicarbonato de sodio, harina de maíz, azúcar y cártamo.
3. Mezcle la mitad del jugo de naranja con vainilla y agregue a la mezcla de harina.
4. Forme un pastel con la masa y hornee en la Air Fryer durante 25 minutos.
5. Mezclar jugo de naranja con azúcar glass y espolvorear el pastel.
6. Sirva con hojas de menta fresca.

Nutrición:

- Calorías: 150
- Grasas: 8g
- Hidratos de Carbono: 18g
- Proteína: 3g

melocotón quebradizo

¡Melocotón dulce y tierno con masa crujiente y azúcar en polvo!

Tiempo de preparación: 15 minutos
Tiempo de cocción: 20 minutos.
Porciones: 4

Ingredientes:

- 4 rebanadas de duraznos
- 3 cucharadas de nueces
- 2 cucharadas de harina
- 1 cucharadita de canela
- 3 cucharadas de azucar
- 3 cucharadas de mantequilla
- 0,25 taza de harina
- 0,4 taza de avena
- 1 cucharadita de azucar

Direcciones:

1. Encienda Air Fryer y precaliente hasta 360oF.

2. Lavar y cortar los duraznos. Mezcle los duraznos con 3 cucharadas de azúcar, 2 cucharadas de harina y canela.

3. Cocine la mezcla de harina durante 20 minutos en la Air Fryer.

4. Haga una mezcla de todos los demás ingredientes en un tazón.

5. Agregue la mezcla a la Air Fryer y cocine por 10 minutos más.

6. Coloque el postre horneado en la Air Fryer para que se enfríe en el refrigerador durante 15 minutos.

7. Sirva con helado.

Nutrición:

Calorías: 144

Grasas: 2,4 g

Hidratos de Carbono: 31g

Proteína: 1,3 g

Galleta de mantequilla de maní

¡Postre suave y cremoso para los verdaderos amantes de la comida!

Tiempo de preparación: 10 minutos

Tiempo de cocción: 10 minutos.

Porciones: 4

Ingredientes:

- 3 cucharadas de mantequilla
- ½ taza de chispas de chocolate
- 1/3 taza y 1 cucharada de azúcar morena
- 1 cucharadita de vainilla
- Yema
- 2/3 taza de harina
- 5 cucharadas de mantequilla de maní
- ¼ de cucharadita de bicarbonato de sodio

Direcciones:

1. Encienda Air Fryer y precaliente hasta 360oF.
2. Mezcle el azúcar morena con la mantequilla derretida y la yema de huevo.
3. Mezcle la harina, 3 cucharadas de mantequilla de maní, vainilla y bicarbonato de sodio.
4. Cocine en la Air Fryer durante 10 minutos.
5. Mezcle las chispas de chocolate con mantequilla de maní y cubra las galletas.
6. ¡Atender!

Nutrición:

- Calorías: 220
- Grasas: 12g
- Hidratos de Carbono: 26g
- Proteína: 4g

Pastelitos de terciopelo rojo

¡Estos cupcakes de color rojo brillante serán una hermosa adición a la cena ordinaria o el postre perfecto en la celebración!

Tiempo de preparación: 10 minutos

Tiempo de cocción: 20 minutos.

Porciones: 10

Ingredientes:

- 7,1 oz de harina
- colorante rojo para la comida
- 5 cucharadas de leche
- 2 huevos
- 1 cucharadita de miel
- 12,3 oz de azúcar
- 7.1 oz de queso blando
- 0.71 oz de cacao en polvo
- 3,5 oz de mantequilla
- 2 cucharaditas de esencia de vainilla
- naranja

Direcciones:

1. Mezcle la harina, la mantequilla derretida, el cacao en polvo y 5 oz de azúcar.
2. Agrega la naranja picada, ½ esencia de vainilla y los huevos a la masa.
3. Agregue leche con colorante rojo a la masa.
4. Rellene los moldes para hornear con la masa y cocínelos en la Air Fryer durante 20 minutos.
5. Mezcle queso tierno, esencia de vainilla, miel y 7,3 oz de azúcar.
6. Coloque la crema en la nevera.
7. ¡Cubre los cupcakes con crema y sírvelos!

Nutrición:

- Calorías: 248
- Grasas: 13,5g
- Hidratos de Carbono: 30g
- Proteína: 6g

Bolas de chocolate de mantequilla

¡Las bolas súper simples y súper dulces serán tanto un almuerzo rápido como un postre satisfactorio!

Tiempo de preparación: 5 minutos.

Tiempo de cocción: 15 minutos.

Porciones: 9

Ingredientes:

- 2.5 oz de azúcar
- 2 cucharadas de cacao en polvo
- 6 oz de mantequilla
- 8,8 oz de harina
- 9 trozos de chocolate
- 1 cucharadita de esencia de vainilla

Direcciones:

1. Encienda Air Fryer y precaliente hasta 360oF.
2. Haz una mezcla de harina y azúcar con cacao.
3. Mantequilla derretida.
4. Mezcle la mantequilla con la harina.
6. Picar trozos de chocolate.

7. Formar bolas de masa.

8. Cubra las bolas de chocolate con los trozos.

9. Cocine las bolas en la Air Fryer durante 15 minutos.

10. Sirve con azúcar glass.

Nutrición:

- Calorías: 357
- Grasas: 20,7g
- Hidratos de Carbono: 39g
- Proteína: 3g

Bizcocho con Nata

Nueva versión de macarrones: ¡fácil de cocinar y un postre rápido que alegrará su día!

Tiempo de preparación: 15 minutos

Tiempo de cocción: 20 minutos.

Porciones: 4

Ingredientes:

- 8,8 oz de harina
- Limón
- 6,3 oz de mantequilla
- 1,76 oz de mantequilla derretida
- 2.8 oz de azúcar en costra
- 3.5 oz de azúcar glas
- 2 cucharaditas de esencia de vainilla

Direcciones:

1. Encienda Air Fryer y precaliente hasta 360oF.
2. Derrita 0.88 oz de mantequilla.
3. Mezclar la harina y el azúcar glas.

4. Formar la masa y mezclar con esencia de vainilla.

5. Haga galletas pequeñas y cocine en la Air Fryer durante 15 minutos.

6. Reducir a la mitad las galletas.

7. Mezcle la mantequilla derretida con el azúcar en costra y el jugo de limón. Use una batidora de mano para hacer una crema suave.

8. ¡Rellena las galletas con el cram y sírvelas!

Nutrición:

- Calorías: 170
- Grasas: 9g
- Hidratos de Carbono: 20g
- Proteína: 2g

Patatas Rojas con Lomo de Cerdo

¿Puede el cerdo ser sin grasa? ¡Con Air Fryer es posible!

Tiempo de preparación: 10 minutos.

Tiempo de cocción: 25 minutos.

Porciones: 2

Ingredientes:

- 2 libras de lomo de cerdo
- Glaseado balsámico al gusto
- 2 patatas rojas
- 1 cucharadita de perejil
- 1 cucharadita de sal
- ½ cucharadita de hojuelas de pimiento rojo
- 1 cucharadita de pimienta
- ½ cucharadita de ajo en polvo

Direcciones:

1. Lavar y limpiar las patatas.
2. Encienda la Air Fryer y precaliente a 350oF.
3. Cubra la carne de cerdo con el condimento.
4. Coloque la carne de cerdo con papas en la Air Fryer. Hornea por 25 minutos.
5. Sirve con glaseado balsámico.

Nutrición:

- Calorías: 418
- Grasas: 18g
- Hidratos de Carbono: 6g
- Proteínas: 47g

Empanadas de Reuban

Rollos de huevo: recibo de Air Fryer fácil y rápido: ¡pruebe una nueva versión!

Tiempo de preparación: 15 minutos.

Tiempo de cocción: 10 minutos.

Porciones: 6

Ingredientes:

- 6 envoltorios de rollo de huevo
- Aderezo de isla de 1 libra
- 1 libra de carne de res
- Spray de aceite
- queso suizo
- 1 lata de chucrut

Direcciones:

1. Cortar el queso, la carne y el chucrut seco.
2. Coloque envoltorios de huevo y cubra los bordes con agua.
3. Coloque la carne, el queso, el chucrut y el aderezo isleño en el medio de cada envoltura.
4. Enrolle los envoltorios.
5. Cubra los envoltorios con huevos batidos.
6. Cubra los envoltorios con aceite en aerosol.
7. Hornee las envolturas de huevo en la Air Fryer durante 10 minutos.
8. Sirve los envoltorios con el queso tierno.

Nutrición:

- Calorías: 230
- Grasas: 11g
- Hidratos de Carbono: 20g
- Proteína: 12g

Filete de costilla

Filete: ¡cena súper saludable, deliciosa y rápida con Air Fryer!

Tiempo de preparación: 10 minutos

Tiempo de cocción: 20 minutos.

Porciones: 4

Ingredientes:

- 2 libras de filete de costilla
- 1 cucharada de aceite de oliva
- 1 cucharada de salsa de carne

Direcciones:

1. Encienda la Air Fryer y precaliente a 400oF.
2. Cubra el bistec con salsa para bistec y aceite de oliva.
3. Coloque el bistec en la Air Fryer y cocine durante 14 minutos.
4. Deje reposar el bistec durante 10 minutos después de la fritura.
5. Sirve con salsa picante.

Nutrición:

- Calorías: 434
- Grasas: 16g
- Carbohidratos: 0g
- Proteínas: 66g

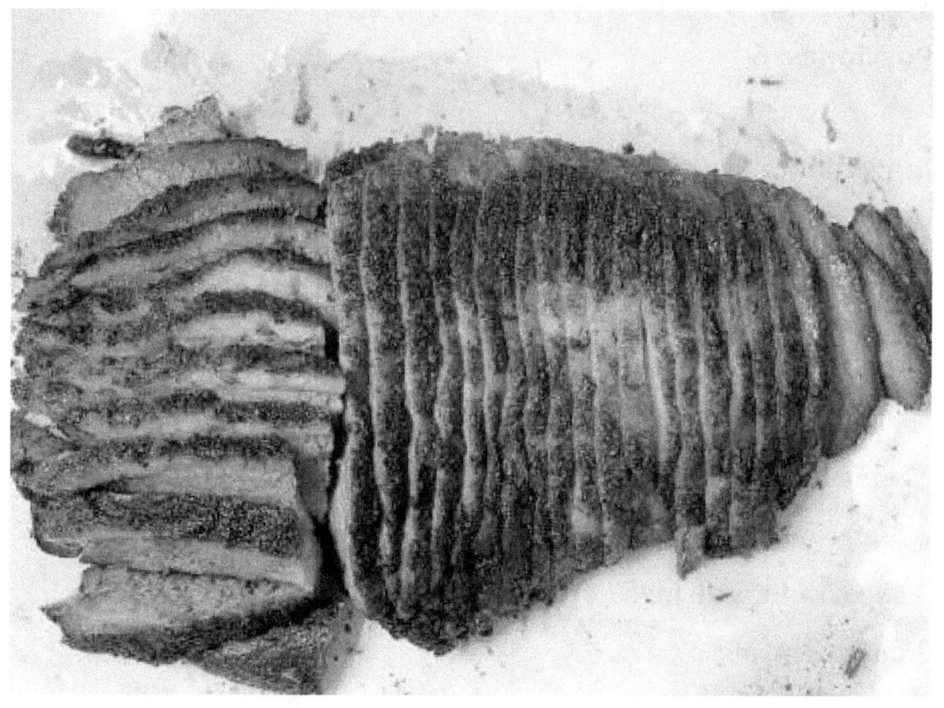

Cordero Asado con Verduras de Verano

Cena realmente brillante y colorida: ¡obtenga vitaminas para todo el día!

Tiempo de preparación: 20 minutos.
Tiempo de cocción: 30 minutos.
Porciones: 6

Ingredientes:

- 5 oz de carne de cordero
- ½ cucharadita de cáscara de limón
- 1 cucharada de alcaparras
- 1 cucharada de aceite de oliva
- 1 puñado de perejil
- 6 filetes de anchoa
- 3 cucharaditas de jugo de limón
- 2 dientes de ajo
- 1 cebolla
- 2 oz de tomates
- Pimiento rojo
- 2 calabacines
- 12 dientes de ajo

- Berenjena
- 1 puñado de menta
- 1,76 oz de queso parmesano
- 2 onzas líquidas de aceite de oliva

Direcciones:

1. Encienda la Air Fryer y precaliente a 350oF.
2. Limpiar la carne de cordero de los huesos y la piel.
3. Mezclar perejil, alcaparras, cáscara de limón, jugo de limón, anchoas, aceite de oliva y ajo.
4. Cubra el cordero con la marinada.
5. Mezclar el cordero con la pimienta y hornear en la Air Fryer durante 30 minutos.
6. Lave y corte el pimiento, el ajo, el calabacín, la berenjena y los tomates.
8. Hornee verduras de verano en la Air Fryer durante 15 minutos.
9. Agregue parmesano a las verduras calientes.
10. ¡Sirve todo junto con menta!

Nutrición:

- Calorías: 400
- Grasas: 9g
- Hidratos de Carbono: 16g
- Proteína: 4g

Shake N Bake

Mezcla de pollo con cerdo cubierto de panko: ¡recibo crujiente y picante!

Tiempo de preparación: 15 minutos.

Tiempo de cocción: 20 minutos.

Porciones: 3

Ingredientes:

- 3 tazas de panko
- ½ cucharadita de orégano
- ¼ taza de aceite de oliva
- ½ cucharadita de albahaca
- 1 cucharada de sal
- ½ cucharadita de perejil
- 1 cucharada de cebolla seca
- ½ cucharadita de pimienta de cayena
- 3 cucharaditas de pimentón
- 2 cucharaditas de azúcar
- 1 cucharadita de ajo en polvo
- 500 g de chuletas de cerdo

Direcciones:

1. Encienda la Air Fryer y precaliente a 400oF.
2. Mezclar todos los ingredientes menos las chuletas de cerdo y las migas.
3. Mezcle las chuletas de cerdo en la bolsa con cierre hermético.
4. Marina la carne durante 20 minutos. Agrega panko.
5. Hornee las chuletas de cerdo en la Air Fryer durante 20 minutos.
6. ¡Sirve con salsa picante!

Nutrición:

- Calorías: 216
- Grasas: 2g
- Hidratos de Carbono: 22g
- Proteínas: 27g

Chuletas de cerdo picantes

Se cree que la carne de cerdo es la más suave, la más deliciosa y la más saludable. Es fácil estar saludable con Air Fryer: ¡cocine tiernas chuletas de cerdo y tenga cenas especiales todos los días!

Tiempo de preparación: 10 minutos
Tiempo de cocción: 30 minutos.
Porciones: 5

Ingredientes:

- 10 chuletas de cerdo
- Una pizca de salsa picante
- 2 tazas de harina
- 2 cucharaditas de cebolla en polvo
- ½ taza de salsa picante
- 2 cucharaditas de ajo en polvo
- 2 huevos batidos
- 3 cucharaditas de polvo criollo
- Pimienta al gusto
- Sal al gusto
- 2 cucharadas de mantequilla derretida
- ½ cucharada de ajo en polvo

- ½ cucharada de cebolla en polvo
- 4 patatas
- ½ cucharada de pimentón
- 1 diente de ajo
- 4 barras de mantequilla
- 2 cucharaditas de condimento chipotle
- ¼ taza de crema espesa

Direcciones:

1. Encienda la freidora y precaliente a 360oF.
2. Mezclar la harina con el pimentón, la pimienta, la sal, la cebolla en polvo, el ajo en polvo, el condimento y la salsa picante.
3. Cubra las chuletas de cerdo con los huevos batidos.
4. Cubra las chuletas de cerdo con la mezcla de condimentos.
5. Deje macerar la carne durante 20 minutos.
6. Mezcle la mantequilla derretida con los ingredientes recordados.
7. Hornee las chuletas de cerdo en la Air Fryer durante 20-25 minutos (al gusto).
8. Sirve con la mezcla de mantequilla.

Nutrición:

- Calorías: 224
- Grasas: 0g
- Hidratos de Carbono: 4g
- Proteína: 0g

Trozos de carne

Carne dulce y deliciosa con salsa derretida: ¡este recibo te enamorará del cerdo!

Tiempo de preparación: 10 minutos
Tiempo de cocción: 15 minutos.
Porciones: 3

Ingredientes:

- ½ taza de salsa de soja
- Filete de hierro plano de 1 libra
- 1/3 taza de aceite de oliva
- 1 cucharadita de pimienta negra
- ¼ taza de salsa Worcestershire
- 1 cucharada de perejil seco
- 1 cucharadita de ajo picado
- 2 cucharadas de albahaca seca

Direcciones:

1. Encienda la Air Fryer y precaliente a 340oF.
2. Corta el bistec en cubos.
3. Mezclar la salsa con pimienta, perejil, aceite de oliva y salsa de soja.
4. Cubra la carne de cerdo con albahaca y ajo.
5. Cubra la carne con la marinada y déjela por 10 minutos.
6. Coloque la carne en la Air Fryer y cocine durante 15 minutos.
7. ¡Sirve con salsa de soja!

Nutrición:

- Calorías: 200
- Grasas: 13g
- Carbohidratos: 0g
- Proteína: 21g

Quesadillas de bistec

Derretir carne tierna enrollada en hojaldre con queso cremoso y verduras frescas: ¡cena extra saludable!

Tiempo de preparación: 15 minutos.

Hora de cocinar: 15 minutos

Porciones: 4

Ingredientes:

- 1 libra de filete de ternera
- 1 cucharadita de condimento para bistec Montreal
- 1 pimiento morrón
- 2 cucharaditas de sal de Lawry
- Cebolla
- 1 cucharadita de pimienta
- Aceite de canola
- 16 rebanadas de queso provolone
- 4 tortillas de harina

Direcciones:

1. Cubra los bistecs con condimento para bistec, sal, pimienta y aceite.
2. Coloque los bistecs con condimento en bolsas con cierre hermético y déjelos marinar durante 10 minutos.
3. Encienda la Air Fryer y precaliente hasta 380oF.
4. Freír las cebollas y los pimientos picados en la sartén con aceite de oliva, sal y pimienta durante 5 minutos.
5. Coloque las tortillas en la superficie plana. Cubrir con queso, bistec y cebolla. Hornee las tortillas en la Air Fryer durante 15 minutos.
6. ¡Sirve con salsa de queso!

Nutrición:

- Calorías: 490
- Grasas: 11g
- Hidratos de Carbono: 22g
- Proteína: 23g

Cerdo agridulce

La carne de cerdo es muy deliciosa y está llena de vitaminas: ¡cocine platos saludables con hierbas frescas rápidamente!

Tiempo de preparación: 15 minutos.

Tiempo de cocción: 15 minutos.

Porciones: 4

Ingredientes:

- 2 libras de cerdo
- 1 salsa agridulce
- 2 huevos
- 3 cucharadas de aceite de canola
- 1 cucharadita de aceite de sésamo
- ¼ de cucharadita de pimienta
- 1 taza de fécula de papa
- ½ cucharadita de sal

Direcciones:

1. Encienda la Air Fryer y precaliéntela a 340oF.
2. Mezcle la fécula de patata, la sal y la pimienta.
3. Licue los huevos con aceite de sésamo en el otro bol.
4. Cubra la carne de cerdo con almidón de papa y huevos.
5. Coloque la carne de cerdo en la Air Fryer y cocínela durante 13 minutos.
7. Sirva con salsa Sweet 'N Sour.

Nutrición:

- Calorías: 260
- Grasas: 3,5 g
- Carbohidratos: 0g
- Proteína: 0g

Salchicha Dulce Picante

Salchichas de especias con salsa dulce y deliciosas hierbas frescas: ¡almuerzo alemán para los amantes de la carne!

Tiempo de preparación: 15 minutos

Tiempo de cocción: 20 minutos.

Porciones: 4

Ingredientes:

- 1 cucharadita de aceite de oliva
- 32 onzas de salchichas
- ½ cucharada de ajo picado
- ½ cucharadita de pimienta de cayena
- 12 onzas de salsa de chile
- ½ cucharada de pimiento rojo
- 12 onzas de jalea de uva

Direcciones:

1. Mezclar la jalea de uva, los dientes de ajo, el pimiento rojo y el aceite de oliva.
2. Calentar esta salsa en la sartén.
3. Encienda Air Fryer y precaliente hasta 360oF.
4. Cubra las salchichas con la salsa de chile, la pimienta de cayena y la marinada picante.
5. Hornee en la Air Fryer durante 20 minutos.
6. ¡Sirve con hierbas frescas!

Nutrición:

- Calorías: 360
- Grasas: 11g
- Hidratos de Carbono: 43g
- Proteína: 19g

<u>Taco Beli Copycat</u>

Tres capas de carne en un pastel, ¡ahora es real!

Tiempo de preparación: 10 minutos.

Tiempo de cocción: 10 minutos.

Porciones: 2

Ingredientes:

- 2 libras de carne molida
- Aceite de oliva
- 3 paquetes de condimentos para tacos
- 6 tostadas
- 1 1/3 taza de agua
- 2 tazas de crema agria
- 6 tortillas de harina
- 2 tazas de queso mezclado mexicano
- 3 tomates
- 2 tazas de lechuga
- 12 oz de queso nacho

Direcciones:

1. Encienda la Air Fryer y precaliente a 400oF.
2. Cubre la carne molida con condimento para tacos y fríe en la sartén durante 5 minutos.
3. Coloque las tortillas en la superficie plana. Cubrir con carne de res, queso nacho, tostada, crema agria, lechuga, tomates y queso.
4. Enrolle la tortilla.
5. Cubre la tortilla con aceite de oliva.
6. Hornee las tortillas en la Air Fryer durante 10 minutos.
7. Sirve con salsa de queso.

Nutrición:

- Calorías: 346
- Grasas: 1,2 g
- Hidratos de Carbono: 76g
- Proteínas: 7,5 g

Vientre de cerdo vietnamita

Pruebe algo exótico, por ejemplo, la cocina vietnamita.

Tiempo de preparación: 15 minutos.

Tiempo de cocción: 20 minutos.

Porciones: 10

Ingredientes:

- 1 libra de panceta de cerdo
- 1 pepino
- 6 cucharadas de salsa de soja
- 1 chile rojo
- 4 cucharadas de salsa de pescado
- 0,61 oz de azúcar blanda
- 1 cucharada de jengibre
- 2 limones

Direcciones:

1. Hacer jugo de lima de las limas.

2. Corta la carne de cerdo en cubos. Picar el pepino.

3. Mezclar todos los ingredientes en un bol.

4. Cubra los cubos de cerdo con la marinada.

5. Encienda la Air Fryer y precaliente a 350oF.

6. Hornee la carne en la Air Fryer durante 20 minutos.

8. ¡Sirve con salsa picante!

Nutrición:

- Calorías: 356

- Grasas: 26g

- Hidratos de Carbono: 10g

- Proteína: 20g

COMIDAS VEGETALES

Aalu Samosa

Nuevo tipo de samosa, lleno de vitaminas y hierbas, ¡siente vibraciones asiáticas!

Tiempo de preparación: 30 minutos
Tiempo de cocción: 20 minutos.
Porciones: 4

Ingredientes:

- 3.5 oz de harina
- Agua
- 3.5 oz de papa hervida
- Sal al gusto
- Petróleo
- 1.06 oz de guisantes hervidos
- 0.18 oz de ajwain
- 0,18 oz de chile verde
- ½ cucharadita de Chana masala
- 0.35 oz de hojas de cilantro
- ½ cucharadita de cúrcuma en polvo

- 0.53 oz de mantequilla clarificada
- 0.18 oz Jeera

Direcciones:

1. Encienda Air Fryer y precaliente hasta 360oF.
2. Cubra los ghees con harina.
3. Mezclar sal con agua, agregar y amasar.
4. Agregue la mezcla salada a la harina. Haz masa.
5. Calentar el aceite en la sartén.
6. Mezcle Jeera, cúrcuma en polvo, hojas de cilantro, masala y chile.
7. Freír la mezcla de verduras en la sartén durante 5 minutos.
9. Mezcle las verduras con los guisantes hervidos y las patatas.
10. Coloque las verduras sobre la masa enrollada y cierre la masa. Enrolle las esquinas.
11. Unte la masa con aceite.
12. Coloque la masa en la Air Fryer y hornee por 20 minutos.
13. ¡Sirve con salsa picante!

Nutrición:

- Calorías: 170
- Grasas: 2g
- Hidratos de Carbono: 27g
- Proteína: 15g

Agedashi Tofu

¿Puede el tofu saber mejor que la carne real? Seguro, prueba este recibo.

Tiempo de preparación: 10 minutos
Tiempo de cocción: 15 minutos.
Porciones: 4

Ingredientes:

- 1 paquete de tofu
- Petróleo
- 2 cucharadas de harina
- 2 cucharadas de salsa de soja
- ½ taza de dashi

Direcciones:

1. Encienda Air Fryer y precaliente hasta 360oF.
2. Corta el tofu en cubos.
3. Mezcle la salsa de soja y el dashi.
4. Cubra el tofu con la salsa.
5. Coloca cada pieza en la harina.
6. Calentar el aceite en la sartén.
7. Cubre los cubos de tofu con aceite caliente.

8. Coloque el tofu en la Air Fryer y hornee por 15 minutos.

9. ¡Sirve con cebollas verdes!

Nutrición:

- Calorías: 210
- Grasas: 10g
- Hidratos de Carbono: 21g
- Proteína: 12g

Paquetes de espárragos con tocino

Espárragos tiernos y deliciosos, enrollados en rodajas de tocino, ¡pruébalo!

Tiempo de preparación: 10 minutos.

Tiempo de cocción: 20 minutos.

Porciones: 12

Ingredientes:

- 2 libras de espárragos
- ¼ de cucharadita de pimienta
- 12 rebanadas de tocino
- ½ cucharadita de sal
- ½ taza de mantequilla
- 1 cucharada de salsa de soja
- ½ taza de azúcar morena

Direcciones:

1. Encienda la Air Fryer y precaliente a 400oF.
2. Divida los espárragos en 12 partes.
3. Enróllelo en las rodajas de tocino.
4. Mezcle sal, azúcar, salsa de soja, mantequilla derretida y pimienta.
5. Cubre los rollos de tocino con el condimento.
6. Coloque los rollos en la Air Fryer y hornee por 20 minutos.
8. ¡Sirve con salsa cremosa!

Nutrición:

- Calorías: 312
- Grasas: 19g
- Hidratos de Carbono: 4g
- Proteína: 17g

Aguacate con Huevo y Tocino

¡Estos botes de aguacate llenos de huevos y rebanadas de tocino son una variante fácil y deliciosa para el almuerzo!

Tiempo de preparación: 10 minutos.

Tiempo de cocción: 15 minutos.

Porciones: 2

Ingredientes:

- 1 aguacate

- Sal al gusto

- 2 huevos

- 1 cucharada de queso

- 2 rebanadas de tocino

Direcciones:

1. Lave y corte el aguacate por la mitad.

2. Encienda la Air Fryer y precaliente a 400oF.

3. Hornee el tocino en la Air Fryer durante 10 minutos.

4. Retire el hueso del aguacate.

5. Coloque 1 huevo en la mitad del aguacate.

6. Agregue tocino crujiente a las mitades de aguacate.

7. Agrega sal al gusto.

9. Coloque el aguacate en la Air Fryer. Hornea el aguacate por 15 minutos.

10. ¡Sirve con salsa de queso!

Nutrición:

- Calorías: 275
- Grasas: 13g
- Hidratos de Carbono: 28g
- Proteínas: 15,5 g

Baadal Jaam

¿Alguna vez has probado la auténtica cocina india? ¡Es hora de hacer eso!

Tiempo de preparación: 5 minutos.
Tiempo de cocción: 15 minutos.
Porciones: 2

Ingredientes:

- 1 berenjena
- Sal al gusto
- Cebolla
- 2 cucharaditas de aceite
- 2 tomates picados
- Hojas de cilantro
- 3.5 oz de cuajada
- Crema
- Limón
- 0,18 oz de chile en polvo
- 1 cucharadita de pasta de jengibre
- 2 cucharaditas de chaat masala

Direcciones:

1. Corta la berenjena en rodajas.
2. Encienda Air Fryer y precaliente hasta 360oF.
3. Hornea la berenjena durante 10 minutos.
4. Caliente las cebollas picadas en la sartén.
5. Mezclar los tomates con la pasta de ajo y freír en la sartén con la cebolla.
6. Mezcle chaat masala, pasta de jengibre, chile en polvo, jugo de limón, crema, cuajada y sal.
7. Agrega la mezcla a la sartén.
8. Coloque la mezcla de verduras sobre las rodajas de berenjena fritas.
9. ¡Sirve con hojas de cilantro!

Nutrición:

- Calorías: 162
- Grasas: 7.1g
- Hidratos de Carbono: 21g
- Proteína: 5,2 g

Hornear pasteles al estilo vegetariano

¡Las verduras realmente saludables son aún más sabrosas ahora!

Tiempo de preparación: 5 minutos.

Tiempo de cocción: 15 minutos.

Porciones: 2

Ingredientes:

- 1 cucharada de harina
- Horneado de verduras sobrantes

Direcciones:

1. Encienda Air Fryer y precaliente hasta 360oF.

2. Coloque harina sobre la mesa.

3. Coloque las sobras en la superficie de la harina.

4. Agrega más harina.

5. Estirar la masa y formar tortas.

6. Hornee pasteles en la Air Fryer durante 15 minutos.

7. ¡Sirve pasteles con salsa de queso!

Nutrición:

*   Calorías: 320

*   Grasas: 16g

*   Hidratos de Carbono: 25g

*   Proteína: 22g

Judías verdes al horno

Frijoles fritos - algo nuevo, ¿no?

Tiempo de preparación: 15 minutos.

Tiempo de cocción: 15 minutos.

Porciones: 6

Ingredientes:

- 1 taza de panko
- 2 huevos
- ½ taza de parmesano
- ½ taza de harina
- pimienta de cayena
- 1 ½ libras de ejotes
- Sal al gusto

Direcciones:

1. Encienda la Air Fryer y precaliente a 400oF.
2. Mezcle panko, queso parmesano y pimienta de cayena.
3. Agregue sal y pimienta a la mezcla de queso.
4. Cubra los frijoles con harina.
5. Cubra los frijoles con la mezcla de huevo.
6. Cubra los frijoles con la mezcla de parmesano y panko.
7. Coloque los frijoles en la Air Fryer y hornee por 15 minutos.
8. ¡Sirve con salsa cremosa!

Nutrición:

- Calorías: 34
- Grasas: 0g
- Hidratos de Carbono: 8g
- Proteína: 2g

Frijoles negros

¡Cena sana y rápida para sentirte lleno de vitaminas y energía!

Tiempo de preparación: 25 minutos

Tiempo de cocción: 15 minutos.

Porciones: 4

Ingredientes:

- 2 cucharaditas de aceite de oliva
- 2 chalotes
- 3 zanahorias
- Sal al gusto
- ¼ de taza de yogur
- 2 dientes de ajo
- 3 cucharadas de perejil

Direcciones:

1. Encienda Air Fryer y precaliente hasta 370oF.
2. Mezcle la zanahoria en rodajas, el perejil picado, las chalotas, el perejil y el yogur. Agrega sal al gusto.
3. Cubra las verduras con el aceite de oliva.
4. Coloque las verduras en la Air Fryer y hornee durante 15 minutos.
5. ¡Sirve con hojas de albahaca!

Nutrición:

- Calorías: 130
- Grasas: 0,6 g
- Hidratos de Carbono: 23g
- Proteína: 8g

Cebollas florecientes

¿Puede la cebolla ser deliciosa? ¡En Air Fryer puedes cocinar fácilmente tanto verduras extra saludables como deliciosas!

Tiempo de preparación: 10 minutos.

Tiempo de cocción: 15 minutos.

Porciones: 4

Ingredientes:

- 2 libras de cebollas Cipollini
- Aceite de oliva
- 2 huevos
- 1 cucharadita de pimienta de cayena
- 1 taza de suero de leche
- 1 cucharadita de ajo en polvo
- 2 tazas de harina
- 1 cucharada de pimienta
- 1 cucharada de pimentón
- 1 cucharada de sal
- ¼ de taza de mayonesa
- 1 cucharada de salsa de tomate

- ¼ taza de crema agria

Direcciones:

1. Lavar y limpiar las cebollas.
2. Corta los bordes de la cebolla para darle forma de flor.
3. Mezclar sal, pimentón, pimienta, harina, ajo en polvo y pimienta de cayena.
4. Agregue mayonesa, salsa de tomate y cremas a la mezcla de hierbas.
5. Coloque las cebollas en el plato con los huevos batidos.
6. Cubra las cebollas con la salsa.
7. Agrega aceite de oliva.
8. Coloque las cebollas en la Air Fryer y hornee por 15 minutos.
9. ¡Atender!

Nutrición:

- Calorías: 324
- Grasas: 26g
- Hidratos de Carbono: 20g
- Proteína: 3g

Brócoli, anacardos y pavo oriental

¡Agregue carne de pavo dulce a las hierbas frescas para obtener un almuerzo más saludable!

Tiempo de preparación: 30 minutos.

Tiempo de cocción: 20 minutos.

Porciones: 2

Ingredientes:

- 1 libra de pechuga de pavo
- 2 salsa de soja japonesa
- 4 onzas de brócoli
- ½ polvo de cinco especias chinas
- 3,5 oz de anacardos
- 1 cucharada de harina de maíz
- 3,5 oz de shitake
- 4 cebollas
- 1 cucharadita de sal
- 3 cucharadas de cacahuete
- 4 cucharadas de jerez seco
- 2 dientes de ajo

- 2 cucharaditas de jengibre fresco

Direcciones:

1. Encienda Air Fryer y precaliente hasta 360oF.
2. Mezcle el jengibre, el ajo, el jerez, la sal, las cebollas asadas y la salsa de soja.
3. Calentar la mezcla de jerez en la sartén.
4. Cubra el pavo con la salsa picante. Cubra la carne de pavo con la harina.
5. Coloque la carne en la Air Fryer y cocine durante 20 minutos.
6. Mezcle maní, shitake, anacardo, polvo y brócoli.
7. Cortar el pavo en rodajas pequeñas.
8. Mezcle el pavo con la mezcla de anacardos.
9. ¡Atender!

Nutrición:

- Calorías: 322
- Grasas: 2g
- Hidratos de Carbono: 39g
- Proteína: 12g

Ensalada De Garbanzos De Búfalo

¡Esta ensalada satisfactoria y llena de vitaminas puede ser un almuerzo fácil y ligero y una cena saludable!

Tiempo de preparación: 5 minutos

Tiempo de cocción: 20 minutos.

Porciones: 3

Ingredientes:

- 1 lata de garbanzos
- 1 cucharada de mantequilla
- 1 cucharada de aceite de aguacate
- 3 cucharadas de salsa picante
- ¼ de cucharadita de sal marina
- Pizca de pimienta de cayena
- ½ cucharadita de pimentón
- 1/8 cucharadita de cúrcuma
- 2 tazas de tomate
- 5 oz de hojas de ensalada
- Pimiento morrón

Direcciones:

1. Encienda la Air Fryer y precaliente a 400oF.
2. Lavar y escurrir los garbanzos. Limpiar los garbanzos de la piel.
3. Mezcle la mantequilla derretida con pimienta de cayena, cúrcuma, sal, aceite de aguacate, pimentón y salsa picante.
4. Cubra los garbanzos con la salsa.
5. Coloque los garbanzos en la Air Fryer y hornee por 20 minutos.
6. Lavar y cortar las verduras.
7. Mezclar verduras con garbanzos.
8. ¡Sirve con queso azul!

Nutrición:

- Calorías: 153
- Grasas: 1g
- Hidratos de Carbono: 29g
- Proteína: 11g

Cuñas de repollo con parmesano

Rodajas finas de repollo cubiertas con parmesano suave y delicioso: ¡variante de aperitivo tan tierna y suave!

Tiempo de preparación: 5 minutos.

Tiempo de cocción: 20 minutos.

Porciones: 4

Ingredientes:

- ½ cabeza de repollo
- 2 tazas de queso parmesano
- 4 cucharadas de mantequilla derretida
- Sal al gusto
- Pimienta al gusto

Direcciones:

1. Encienda la Air Fryer y precaliente hasta 380oF.

2. Mezcle la mantequilla derretida con sal y pimienta.

3. Cubra las coles con mantequilla derretida.

4. Cubra las coles con parmesano.

5. Coloque las coles en la Air Fryer y hornee por 20 minutos.

6. Sirve con salsa de queso.

Nutrición:

*   Calorías: 108

*   Grasas: 7g

*   Hidratos de carbono: 11,5 g

*   Proteína: 2g

Tortas con Puré de Patatas

Suave y tierno, ¡pero muy satisfactorio! ¡Estos pasteles te sorprenderán e inspirarán!

Tiempo de preparación: 10 minutos.

Tiempo de cocción: 10 minutos.

Porciones: 4

Ingredientes:

- 1 3/4 libras de papas
- 4 cucharadas de pan rallado
- 2 huevos
- 2 cucharadas de cebollino
- 2 cucharadas de cebolla
- 1 cucharada de leche
- Sal al gusto
- 2 cucharadas de mantequilla
- 1 taza de panceta

Direcciones:

1. Hervir las patatas.
2. Encienda la Air Fryer y precaliente a 400oF.
3. Cubra las papas con huevos, panceta, cebolla picada, mantequilla y cebollino. Agrega la leche, la sal y la pimienta. Licue la mezcla de verduras.
4. Formar tortas con la mezcla de papas. Cubrir con migas.
5. Hornee pasteles en la Air Fryer durante 13 minutos.
6. ¡Sirve con hojas frescas de albahaca!

Nutrición:

*   Calorías: 131
*   Grasas: 3,6 g
*   Hidratos de Carbono: 19g
*   Proteína: 5g

Chakli

Tres tipos de harina, cuatro tipos de polvos y Ghee con Chakli: ¡bienvenidos al maravilloso mundo de la cocina asiática!

Tiempo de preparación: 10 minutos
Tiempo de cocción: 15 minutos.
Porciones: 4

Ingredientes:

- 3.5 oz de harina de arroz
- 1 prensa Chakli
- 1,69 oz de besan tostado
- Agua
- 0,88 oz de harina refinada
- Sal al gusto
- 0.71 oz de mantequilla clarificada
- Petróleo
- ½ cucharadita de semillas de sésamo
- 0.35 oz de comino en polvo
- ½ cucharadita de chile en polvo
- 0.35 oz de cilantro en polvo
- 0.18 oz de cúrcuma en polvo

Direcciones:

1. Encienda Air Fryer y precaliente hasta 360oF.
2. Mezclar harinas con polvos.
3. Agregue besan, semillas de sésamo y sal a la mezcla de harina.
4. Vierta agua en la mezcla de harina y haga la masa.
5. Formar y enrollar la masa.
7. Mezcle la masa con Ghee y Chakli.
8. Hacer tiras de masa y enrollar en círculos.
9. Cepille círculos con el aceite.
10. Coloque círculos en la Air Fryer y cocine durante 15 minutos.
11. ¡Sirve con crema de queso!

Nutrición:

- Calorías: 154
- Grasas: 8.2g
- Hidratos de Carbono: 18g
- Proteína: 2g

Chana Daal Vada

¡Disfruta de la cocina asiática con Chana Daal!

Tiempo de preparación: 30 minutos.

Tiempo de cocción: 15 minutos.

Porciones: 4

Ingredientes:

- 7.1 oz de Chana Daal
- Agua
- 1,76 oz de cebollas
- Sal al gusto
- 1 / 06oz de hojas de cilantro
- Petróleo
- 1 chile verde
- ½ cucharadita de chile rojo en polvo
- 0.35 oz de jengibre

Direcciones:

1. Encienda Air Fryer y precaliente hasta 360oF.
2. Cubra Daal con agua durante 30 minutos.
3. Mezclar jengibre con sal.
4. Mezcle las hojas de cilantro, la cebolla picada y el chile. Cubrir con jengibre y licuar.
5. Mezcle el daal con las verduras y hornee los pasteles en la Air Fryer durante 15 minutos.
6. Sirve pasteles con salsa de tomate.

Nutrición:

- Calorías: 140
- Grasas: 8g
- Hidratos de Carbono: 11g
- Proteína: 5g

Pizza de Queso con Pan de Pita

¡Prueba esta versión súper deliciosa de pepperoni hoy!

Tiempo de preparación: 10 minutos.

Tiempo de cocción: 5 minutos.

Porciones: 4

Ingredientes:

- 1 pan de pita
- ½ cucharadita de ajo
- 1 cucharada de salsa para pizza
- 1 cucharada de cebolla
- ¼ taza de mozzarella
- 7 rodajas de pepperoni
- 1 chorrito de aceite de oliva
- 1 tivet de acero de patas cortas

Direcciones:

1. Vierta la salsa de pizza en el pan de pita.
2. Encienda la Air Fryer y precaliente a 350oF.
3. Coloque el queso y la cebolla picada sobre la salsa para pizza.
4. Cubra el relleno de pizza con aceite de oliva, tivet, ajo y queso.
5. Coloque la pizza en la Air Fryer y cocine durante 5 minutos.
6. ¡Atender!

Nutrición:

- Calorías: 390
- Grasas: 15g
- Hidratos de Carbono: 42g
- Proteína: 22g

Chips de remolacha

Absolutamente nueva versión de papas fritas: ¡mejor que las papas, más saludable que la coliflor!

Tiempo de preparación: 5 minutos.

Tiempo de cocción: 15 minutos.

Porciones: 3

Ingredientes:

- 3 remolachas
- Sal al gusto
- 2 cucharaditas de aceite

Direcciones:

1. Lavar, pelar y cortar la remolacha en rodajas.
2. Encienda la Air Fryer y precaliente a 400oF.
3. Cubra las rodajas de remolacha con sal y déjelas por 15 minutos.
4. Escurrir las remolachas y cubrirlas con aceite.
5. Hornee en la Air Fryer durante 15 minutos.
7. ¡Sirve con ajo!

Nutrición:

- Calorías: 60
- Grasas: 0.3g
- Hidratos de Carbono: 16g
- Proteína: 2g

Espinaca de coco con garbanzos

¡Espinacas calientes y crujientes en un plato con garbanzos derretidos!

Tiempo de preparación: 10 minutos.

Tiempo de cocción: 15 minutos.

Porciones: 4

Ingredientes:

- 2 cucharadas de aceite
- 1 cucharada de pimienta
- 1 cebolla
- 1 cucharadita de sal
- 4 dientes de ajo
- 1 lata de leche de coco
- 1 cucharada de jengibre
- 1 libra de espinacas
- ½ taza de tomates secos
- 1 lata de garbanzos
- 1 limón
- 1 pimiento picante

Direcciones:

1. Encienda Air Fryer y precaliente hasta 370oF.

2. Mezcle el jugo de limón, los tomates, la pimienta, el jengibre, la leche, el ajo, la sal, la pimienta y la cebolla.

3. Cubra los garbanzos y las espinacas con la salsa.

4. Vierta aceite de oliva por encima.

5. Hornee verduras en la Air Fryer durante 15 minutos.

6. ¡Sirve verduras con hierbas frescas!

Nutrición:

- Calorías: 228
- Grasas: 9g
- Hidratos de carbono: 32,9 g
- Proteína: 7,4 g

Tostadas de Maíz con Atún

Tostadas crujientes con callos asados y atún tierno: ¡un plato muy satisfactorio!

Tiempo de preparación: 10 minutos
Tiempo de cocción: 15 minutos.
Porciones: 4

Ingredientes:

- 4 rebanadas de pan italiano
- 2 atún en salmuera
- Salsa picante
- 7.1 oz de maíz dulce
- Sal marina al gusto
- 7,1 oz de frijoles
- 3 cucharadas de mayonesa
- pimiento rojo
- Perejil

Direcciones:

1. Encienda Air Fryer y precaliente hasta 360oF.

2. Cubra las rebanadas de pan con sal y mayonesa.

3. Coloque las rebanadas de pan en la Air Fryer.

4. Hornee el pan en la Air Fryer durante 7 minutos.

5. Mezcle atún, maíz, perejil, pimiento y frijoles.

6. Coloque la mezcla sobre las tostadas.

7. Hornee por 3 minutos más.

8. ¡Sirve con salsa picante!

Nutrición:

- Calorías: 140

- Grasas: 7g

- Hidratos de Carbono: 18g

- Proteína: 2g

Papas fritas rizadas para veganos

Veganos e incluso amantes de la carne: ¡todos estarán felices de probar las papas fritas rizadas!

Tiempo de preparación: 5 minutos
Tiempo de cocción: 15 minutos.
Porciones: 4

Ingredientes:

- 2 patatas
- 1 cucharada de salsa de tomate
- 2 cucharadas de aceite de oliva
- Sal al gusto
- Pimienta al gusto
- 2 cucharadas de aceite de coco

Direcciones:

1. Encienda Air Fryer y precaliente hasta 360oF.
2. Use un espiralizador para hacer papas con forma rizada.
3. Mezclar aceite de oliva, aceite de coco con sal y pimienta.
4. Cubra las papas con la mezcla de aceite.
5. Coloque las papas en la Air Fryer y hornee por 15 minutos.
6. ¡Sirve con salsa de tomate!

Nutrición:

- Calorías: 349
- Grasas: 13,8g
- Hidratos de carbono: 49g
- Proteína: 5g

Panqueques de dátiles

Panqueques fáciles, crujientes, satisfactorios y extra deliciosos: ¡una gran idea para el almuerzo!

Tiempo de preparación: 10 minutos.
Tiempo de cocción: 15 minutos.
Porciones: 4

Ingredientes:

- 3.5 oz de harina
- Sal al gusto
- 100 g de harina de maíz
- Petróleo
- Huevo
- 0.53 oz de jengibre
- Condimento al gusto
- 1.76 oz de repollo
- 0.34 onzas líquidas de salsa de soja
- 1,76 oz de zanahorias
- 1.76 oz de cebolla

Direcciones:

1. Picar zanahorias, jengibre, cebollas y repollo.
2. Encienda Air Fryer y precaliente hasta 360oF.
3. Mezcle la salsa de soja, el condimento, el jengibre, la harina de maíz y la harina. Haz masa.
4. Rellena la masa con la mezcla de verduras.
5. Forma triángulos de masa.
6. Unte los triángulos con el huevo batido.
7. Cubre los triángulos con aceite.
8. Coloque triángulos en la Air Fryer y hornee por 15 minutos.
9. ¡Sirve con salsa de queso!

Nutrición:

- Calorías: 383
- Grasas: 10g
- Hidratos de Carbono: 60g
- Proteína: 11g

Falafel

¡Este recibo sureño puede brindarle un verdadero placer!

Tiempo de preparación: 50 minutos

Tiempo de cocción: 20 minutos.

Porciones: 4

Ingredientes:

- 2 tazas de garbanzos
- Aceite de oliva
- 6 tazas de agua
- 2 tazas de cebolla blanca
- ¼ de cucharadita de pimienta de cayena
- 1 taza de cilantro
- 1 cucharadita de pimienta
- 1 taza de perejil italiano
- 1 cucharadita de sal marina
- 8 dientes de ajo
- 1 cucharada de comino molido
- ¼ de taza de jugo de limón

Direcciones:

1. Encienda la Air Fryer y precaliente a 400oF.
2. Cubrir los garbanzos con agua y dejar actuar durante 30 minutos.
3. Escurre los garbanzos.
4. Licúa la cebolla picada, el cilantro, la pimienta de cayena, el comino, la pimienta, la sal, el ajo, los dientes de ajo, el jugo de limón y los garbanzos.
5. Formar tortas de garbanzos y agregar perejil italiano.
6. Cubre los pasteles con aceite de oliva y colócalos en la Air Fryer.
7. Cocine las tortas de garbanzos durante 15 minutos en la Air Fryer.
8. Sirve con salsa de ajo.

Nutrición:

- Calorías: 347
- Grasas: 10g
- Hidratos de Carbono: 64g
- Proteína: 15g

Patatas alevines

Las hierbas de limón añaden frescura; las papas hacen que este plato sea más satisfactorio: ¡hornee y hágalo crujiente en la freidora de aire!

Tiempo de preparación: 20 minutos.
Tiempo de cocción: 20 minutos.
Porciones: 4

Ingredientes:

- 2 libras de papas cortadas a la mitad
- 6 cucharadas de aceite de oliva
- 3 cucharadas de mostaza de Dijon
- 1/8 cucharadita de pimienta
- ½ cucharadita de miel
- ½ cucharadita de sal
- 1 cucharadita de jugo de limón.
- ½ cucharadita de romero
- 1 cucharadita de cáscara de limón
- 1 cucharadita de tomillo

- 2 cucharadas de vino tinto

- 2 cucharadas de perejil

- 2 cucharadas de chalotas

Direcciones:

1. Encienda Air Fryer y precaliente hasta 360oF.

2. Hervir las patatas con sal y agua.

3. Mezcle las chalotas, el perejil, el vino tinto, el tomillo, la piel de limón, el jugo de limón, el romero, la miel, la pimienta y la mostaza.

4. Coloque la mezcla sobre las papas hervidas.

5. Cubra las papas con aceite.

6. Hornee las papas durante 7 minutos en la Air Fryer.

7. Sirve con queso rallado.

Nutrición:

- Calorías: 93

- Grasas: 0g

- Hidratos de Carbono: 26g

- Proteína: 4g

Pizza Pesto Francesa

Disfrute de la cultura francesa: ¡únase a la pizza de pollo al pesto!

Tiempo de preparación: 10 minutos

Tiempo de cocción: 15 minutos.

Porciones: 4

Ingredientes:

- 1 cucharada de aceite de oliva
- 1 taza de mozzarella
- 1 pechuga de pollo deshuesada
- ½ taza de tomates
- Sal al gusto
- 1/3 taza de pesto de albahaca
- 1 barra de pan francés

Direcciones:

1. Encienda la Air Fryer y precaliente a 400oF.
2. Cortar la barra de pan por la mitad.
3. Cubra la hogaza de pan con salsa pesto.
4. Hervir la pechuga de pollo.
5. Cubra el pan con pechuga de pollo, sal, tomates y mozzarella.

6. Hornee la pizza en la Air Fryer durante 7 minutos.

8. Sirva con albahaca fresca.

195

Nutrición:

- Calorías: 714

- Grasas: 42g

- Hidratos de Carbono: 57g

- Proteínas: 26g

Patatas al ajillo con panceta

¿Pueden las verduras dar energía y vitaminas durante todo el día?
¡Con seguridad!

Tiempo de preparación: 10 minutos.
Tiempo de cocción: 15 minutos.
Porciones: 1

Ingredientes:

- 1 cucharada de aceite de oliva
- 3 tazas de espinaca
- 1 diente de ajo
- 4 hojas de albahaca
- ½ taza de cebollas
- ¼ taza de caldo de pollo
- 1 pizca de hojuelas de pimiento rojo
- 1 papa
- ½ taza de panceta

Direcciones:

1. Encienda Air Fryer y precaliente hasta 370oF.
2. Freír el ajo, la cebolla y el pimiento rojo en la sartén con aceite.
3. Mezcle los fideos, la panceta, la sal y la pimienta. Agregue la mezcla a las papas y hornee en la Air Fryer durante 3 minutos.
4. Mezcle los ingredientes recordados y agréguelos a la mezcla de ajo.
5. Agregue la mezcla de ajo a la papa frita y hornee por 7 minutos más.
6. ¡Sirve con hierbas frescas!

Nutrición:

- Calorías: 63
- Grasas: 4,7 g
- Hidratos de carbono: 4,9 g
- Proteína: 0,5 g

Gyijyla

La cocina turca es famosa por sus hierbas y especias. ¡Prueba algo realmente picante y fresco!

Tiempo de preparación: 10 minutos.

Tiempo de cocción: 15 minutos.

Porciones: 4

Ingredientes:

- 3.5 oz de harina
- Petróleo
- 0.53 oz de aceite de ghee
- 0.18 oz de cilantro en polvo
- 3,5 oz Khoya
- 2.8 oz de azúcar en polvo
- 0.35 oz de anacardos picados
- 0.35 oz de pasas

Direcciones:

1. Encienda Air Fryer y precaliente hasta 360oF.
2. Mezcle la harina con el aceite y el ghee. Forma la masa.
3. Mezcle nueces de anacardo, azúcar en polvo, Khoya y cilantro en polvo.
4. Haz círculos con la masa.
6. Coloque el relleno en los círculos.
7. Cierre los círculos y enrolle los bordes.
8. Cepille los círculos con aceite.
9. Coloque círculos en la Air Fryer durante 15 minutos.
10. ¡Sirve con hierbas frescas!

Nutrición:

- Calorías: 145
- Grasas: 3,4 g
- Hidratos de Carbono: 16g
- Proteína: 23g

Remolacha de gimnasio

¡Aperitivo bajo en calorías y extra dulce para el almuerzo!

Tiempo de preparación: 10 minutos.

Tiempo de cocción: 10 minutos.

Porciones: 2

Ingredientes:

- 4 remolachas
- 1 cucharada de vinagre balsámico
- 1 cucharada de aceite de oliva
- 1 cucharada de miel
- Sal al gusto
- Pimienta al gusto
- 2 manantiales de romero

Direcciones:

1. Lavar y pelar las remolachas.
2. Corta las remolachas en los cubos.
3. Mezclar romero, pimienta, sal, vinagre y miel.
4. Cubra las remolachas con la salsa.
5. Cubra las remolachas con el aceite de oliva.

6. Encienda la Air Fryer y precaliente a 400oF.

7. Coloque las remolachas en la freidora de aire.

8. Hornea las remolachas durante 10 minutos.

9. ¡Sirve con salsa de queso!

Nutrición:

- Calorías: 149

- Grasas: 1g

- Hidratos de Carbono: 5g

- Proteína: 30g

Chaqueta con requesón y atún

Patata con requesón suave, tomates frescos llenos de vitaminas y deliciosas hierbas: ¡cena extra saludable y baja en calorías!

Tiempo de preparación: 10 minutos.
Tiempo de cocción: 20 minutos.
Porciones: 4

Ingredientes:

- 0.79 oz de atún
- 5.3 oz de requesón
- ½ chile
- 1 papa
- 1 cebolla
- ½ cilantro
- Un puñado de tomates

Direcciones:

1. Encienda Air Fryer y precaliente hasta 360oF.
2. Corta un puñado de tomates.
3. Picar la cebolla.
4. Hervir la papa con piel.
5. Mezcle el atún con el requesón.
6. Mezcle la cebolla, los tomates, el cilantro y el chile.
7. Haz un agujero en la papa.
9. Coloque la mezcla de atún en el hoyo.
10. Cubra la papa con la mezcla de tomate.
11. Coloque la papa asada en la Air Fryer y hornee por 20 minutos.
12. Sirva la papa con las cremas espesas.

Nutrición:

- Calorías: 439
- Grasas: 5g
- Hidratos de Carbono: 33g
- Proteína: 64g

Hoja suelta

¡Siéntete italiano con masa de pizza suave, queso fundido y champiñones!

Tiempo de preparación: 10 minutos
Tiempo de cocción: 15 minutos.
Porciones: 4

Ingredientes:

- ½ masa de croissant vegano
- 1 cucharada de aceite de oliva
- 2 paquetes de hierba de coco Chao
- 6 dientes de ajo
- 2 tazas de champiñones
- ½ cucharada de levadura
- ¼ taza de perejil
- 1 taza de albahaca fresca
- 2 cucharadas de Earthbalance

Direcciones:

1. Encienda la Air Fryer y precaliente hasta 380oF.
2. Mezcle albahaca, Earthbalance, perejil, ajo y hierbas.
3. Mezcle la mezcla de hierbas.
4. Cubra la masa con la mezcla de hierbas.
5. Coloque los champiñones picados sobre la salsa.
6. Coloque la levadura y el aceite de oliva sobre la pizza.
7. Hornee la pizza durante 15 minutos en la Air Fryer.
8. ¡Sirve con hierbas frescas!

Nutrición:

- Calorías: 135
- Grasas: 2g
- Hidratos de Carbono: 8g
- Proteína: 5g

Matar Kachodi

Una de las recetas más fáciles y deliciosas: ¡compruébalo!

Tiempo de preparación: 10 minutos.

Tiempo de cocción: 20 minutos.

Porciones: 4

Ingredientes:

- 3.5 oz de harina
- Agua
- 5.3 oz de guisantes hervidos
- Sal al gusto
- 0.18 oz de jengibre
- Petróleo
- 0,18 oz de chile
- Pizca de refresco
- 1.06 oz de mantequilla clarificada
- ½ cucharadita de polvo de Amchur
- ½ cucharadita de semillas de comino
- ½ cucharadita de Garam Masala
- 0.18 oz de cilantro en polvo

- ½ cucharadita de ají

Direcciones:

1. Mezcle harina, agua, refresco, aceite y sal. Haz masa.
2. Enrolle la masa sobre la mesa.
3. Encienda Air Fryer y precaliente hasta 360oF.
4. Mezcle los guisantes, el jengibre, las semillas de comino, el chile, el cilantro en polvo, el polvo de Amchur, el ghee, los guisantes y el jengibre.
5. Calentar el aceite en la sartén.
6. Freír la mezcla de relleno en la sartén.
7. Coloque el relleno sobre la masa.
8. Cerrar la masa y enrollar los bordes.
9. Unte la masa con aceite.
10. Coloque los rollos en la Air Fryer y hornee por 20 minutos.
11. ¡Sirve con hierbas frescas!

Nutrición:

- Calorías: 240
- Grasas: 17g
- Hidratos de Carbono: 13g
- Proteína: 7g

Champiñones al Pesto

Salsa de pesto suave y picante en champiñones asados: ¡algo suave y delicioso para los verdaderos veganos!

Tiempo de preparación: 5 minutos.

Tiempo de cocción: 15 minutos.

Porciones: 5

Ingredientes:

- 1 libra de champiñones
- Parmesano al gusto
- ½ taza de pesto
- Panko

Direcciones:

1. Lavar y limpiar las setas.
2. Encienda la Air Fryer y precaliente a 350oF.
3. Rellena las cabezas de champiñones con pesto y cúbrelas con parmesano.
4. Coloque las migas encima de los champiñones.
5. Ponga los champiñones en la Air Fryer y hornee por 15 minutos.
6. ¡Atender!

Nutrición:

- Calorías: 189
- Grasas: 21g
- Hidratos de Carbono: 1g
- Proteína: 1g

Ensalada de col rizada de maní con jengibre

Solo hierbas verdes y saludables, nada extraño, solo vitaminas y jugos.

Tiempo de preparación: 5 minutos

Tiempo de cocción: 6 minutos.

Porciones: 6

Ingredientes:

- 2 manojos de col rizada
- Pimienta al gusto
- 1 taza de cebolla morada
- 5 pizcas de cayena
- ½ taza de maní
- 2 cucharaditas de sirope de agave
- 1 cucharada de jengibre
- 2 cucharadas de vinagre
- 2 cucharadas de mantequilla de maní cremosa
- 3 cucharaditas de tamari
- ½ taza de agua
- 2 dientes de ajo
- 1 cucharada de tahini
- 1 cucharadita de jengibre
- 1 cucharadita de aceite de sésamo

Direcciones:

1. Encienda Air Fryer y precaliente hasta 320oF.
2. Mezcle la col rizada, la cebolla picada, el maní y el jengibre con el aceite.
3. Coloque la mezcla de hierbas en la Air Fryer y hornee por 6 minutos.
4. Haga una marinada de mantequilla, pimienta, agua, cayena, tahini, almíbar, aceite de sésamo, vinagre, jengibre, tamari y ajo.
5. Cubra las hierbas asadas con la mezcla de condimentos.
6. ¡Atender!

Nutrición:

- Calorías: 429
- Grasas: 25g
- Hidratos de Carbono: 40g
- Proteína: 18g

Tofu de maní con sriracha

¡Solo un recibo para que te enamores del tofu!

Tiempo de preparación: 10 minutos.

Tiempo de cocción: 15 minutos.

Porciones: 4

Ingredientes:

- 15 oz de tofu
- 1 cucharadita de salsa Sriracha
- 1 cucharada de aceite de maní
- 2 cucharadas de caldo de verduras
- 2 dientes de ajo
- 1 cucharada de néctar de agave
- 1 pieza de raíz de jengibre
- 2 cucharadas de mantequilla de maní
- 2 cucharadas de cebollas
- 2 cucharadas de vinagre de arroz
- 3 cucharadas de salsa de soja

Direcciones:

1. Encienda Air Fryer y precaliente hasta 370oF.

2. Cortar el tofu en cubos y mezclar con la cebolla, la raíz de jengibre y los dientes de ajo.

3. Cubra el tofu con aceite de maní.

4. Coloque el tofu en la Air Fryer y cocine durante 15 minutos.

5. Mezcle la salsa de soja, la salsa Sriracha, el vinagre, el caldo de verduras, el néctar de agave y la mantequilla de maní.

6. ¡Cubra el tofu con la salsa y sirva!

Nutrición:

- Calorías: 281
- Grasas: 13g
- Hidratos de Carbono: 23g
- Proteínas: 27g

Plátanos en Air Fryer

Plátanos fritos al aire tan saludables: ¡algo para la cena satisfactoria!

Tiempo de preparación: 5 minutos.

Tiempo de cocción: 15 minutos.

Porciones: 12

Ingredientes:

- 6 plátanos maduros
- 1 cucharadita de sal
- 6 cucharaditas de aceite de oliva

Direcciones:

1. Encienda la Air Fryer y precaliente a 400oF.
2. Lave y corte los plátanos en rodajas.
3. Cubra los plátanos con la sal y el aceite.
4. Cocine los plátanos en la Air Fryer durante 5-8 minutos.
5. ¡Sirve plátanos con ensalada de verduras!

Nutrición:

- Calorías: 129
- Grasas: 15g
- Hidratos de Carbono: 31g
- Proteína: 20g

Bombas de papa al estilo español

La cocina española, picante y picante, puede alegrarte el día.

Tiempo de preparación: 10 minutos.

Tiempo de cocción: 10 minutos.

Porciones: 9

Ingredientes:

- 28 oz de papas
- 1 taza de leche de soja
- 1 ½ cucharada de sal
- 2 tazas de panko
- Pimienta al gusto
- ¼ taza de tomates
- 1 cucharada de aceite de oliva
- 2 cucharadas de vino blanco
- ½ cebolla
- 1 cucharadita de harina
- 2 dientes de ajo
- ¼ de cucharadita de pimentón
- 200 g de champiñones
- ¼ de cucharadita de tomillo

- ½ pimiento ted

- ½ cucharadita de orégano

- 1 pimiento picante

- Tabasco al gusto

- 3 cucharadas de aquafaba

- 1 cucharadita de jugo de limón.

- 1 diente de ajo

- ½ cucharadita de sal

- ½ taza de aceite de oliva

- ¼ de cucharadita de mostaza

- 2 cucharadas de salsa de tomate

Direcciones:

1. Hervir las patatas.
2. Pelar la papa hervida y cubrir con sal y pimienta.
3. Encienda la Air Fryer y precaliente a 400oF.
4. Triturar la mitad de las papas, mezclar con aceite, cebolla, champiñones, ajo, pimienta, orégano, tomillo, pimentón y harina.
5. Cortar por la mitad la otra mitad de las papas y quitar el relleno.
7. Coloque la mezcla de champiñones en las mitades de papa.
8. Agregue pimiento picante, tomates, vino blanco, aceite de oliva y leche de soja a las papas.
9. Cubra las papas con panko.
10. Coloque las papas en la Air Fryer y cocine por 15 minutos.

11. Mezcle aceite de oliva, salsa de tomate, mostaza, sal y jugo de limón con aquafaba.

12. Coloque salsa sobre las papas.

13. Hornea las papas por 5 minutos más.

14. ¡Sirve papas con hierbas frescas!

Nutrición:

- Calorías: 154
- Grasas: 5.9g
- Hidratos de Carbono: 21g
- Proteína: 5g